Les bases de la grammaire anglaise en un clin d'œil

Jean-Luc Bataille
Professeur d'anglais certifié hors-classe

Dessins de Jean-François Odde

ellipses

Je dédie cet ouvrage à mes enfants, Félix et Aglaé

Remerciements à Anne-Claude Bourzac pour son soutien
et à Didier Perrault pour ses précieux conseils en informatique.

ISBN 978-2-7298-5144-6

32, rue Bargue 75740 Paris cedex 15

www.editions-ellipses.fr

Introduction

Ce livre se compose de **quarante six gros plans sur les outils incontournables** de la grammaire anglaise, c'est-à-dire l'essentiel de ce que doit maîtriser un élève en fin de troisième (niveau A2-B1). C'est donc un ouvrage qui s'adresse non seulement aux **collégiens**, mais aussi à tous ceux **(lycéens, étudiants, adultes)** qui souhaitent « revoir » **les bases** de l'anglais.

Les constructions et les emplois de chaque outil sont examinés « à la loupe », notamment dans les pages intitulées « ***Comment ça marche ?*** » et « ***À quoi ça sert ?*** ». En vis-à-vis des textes et graphiques explicatifs se trouve une **page d'exercices** qui permet au lecteur de s'entraîner et de vérifier son niveau de compréhension sur tel ou tel point de grammaire. Chaque série de gros plans se termine par **deux pages intitulées « séquence de révision »** dans lesquelles des exercices obligent le lecteur à faire le meilleur choix possible parmi les différents outils étudiés. Ils sont assortis d'une **grille d'autoévaluation** qui permet de faire le point sur l'état de ses connaissances.

Les **corrigés des exercices**, le **lexique alphabétique anglais-français** et les **verbes irréguliers** classés par familles qui se trouvent à la fin de l'ouvrage sont là pour garantir une assistance permanente, un maximum de réussite et une autonomie presque totale de l'utilisateur.

Les personnes qui veulent simplement revoir un point précis n'auront qu'à se laisser guider par le **sommaire** ou l'**index grammatical**. Quant à celles et ceux qui ont des lacunes et qui souhaitent se replonger complètement dans la grammaire de base de l'anglais, ils auront sans doute intérêt à consulter ce livre de façon chronologique et exhaustive.

Cet ouvrage a pour ambition de « montrer » les bases de la grammaire anglaise (notamment le système verbal) comme on ne les a jamais « **vues** ». Ce qui fait sa spécificité, c'est le fait d'associer systématiquement **des dessins et des graphiques** aux explications grammaticales. Pour autant, les **effets visuels** ne sont pas là pour « illustrer » les parties écrites mais bien pour **interagir** avec elles.

Chaque image doit relever le défi suivant : faire comprendre en un clin d'œil des mécanismes grammaticaux parfois simples, parfois subtils ou compliqués, mais toujours logiques. Les dessins et graphiques présents dans cet ouvrage ont été conçus pour répondre à plusieurs objectifs :

- décrire aussi clairement que possible la **construction** d'un « outil grammatical » (par définition abstrait) comme s'il s'agissait d'un objet concret ;
- faire des « gros plans » sur **les principaux emplois** des outils étudiés ;
- améliorer **la mémorisation et la compréhension** de certains **mécanismes syntaxiques** qui se caractérisent par leur aspect systématique en créant une **interactivité visuelle** entre toutes les pages qui décrivent des conjugaisons ;
- permettre au lecteur de **faire le lien entre la grammaire et** des situations aussi proches que possible de **la vraie vie**.

Sommaire

1 - Le verbe anglais
Les terminaisons 's' et 'ing'

À l'image du verbe français, le verbe anglais sert à « **transporter** » **du sens**, à **désigner un événement** : à renseigner sur ce que fait le sujet. **Il fait partie du lexique. Il est donc traduit.** C'est la raison pour laquelle on parle de **verbe lexical.**

Le « portrait robot » du verbe anglais n'existe pas : en anglais, le mot **"rain"** peut être un nom commun (traduit par « **pluie** ») ou un verbe (traduit par « **pleuvoir** »). À première vue, c'est donc un « simple » mot parmi les autres sans « signes » particuliers.

C'est aussi un mot « simple d'emploi » qui déstabilise un peu le francophone habitué à jongler avec plusieurs dizaines de terminaisons pour conjuguer un verbe français. En effet, **le verbe anglais** (notamment les verbes « réguliers ») **ne peut s'écrire que de quatre manières.**

1. La terminaison 's'

En anglais, la terminaison **'s'** (« rescapée » du vieil anglais) apparaît uniquement à la fin d'un verbe (ou d'un auxiliaire ⇨ **is, has, does**) conjugué à la **troisième personne du singulier du présent dont elle est la marque** :

(he play**s** - it rain**s** - she smoke**s** - he watch**es**)

À savoir ⏩ Ce **'s'** n'apparaît jamais sur les **auxiliaires modaux** même lorsqu'ils sont précédés d'un sujet à la troisième personne du singulier. En effet, ces auxiliaires (**can, must**, etc.) **renvoient avant tout à celui qui parle** et rendent donc « l'accord » avec **he/she/it** illogique (he **must** stop smoking / *il **doit** arrêter de fumer*).

2. La terminaison 'ing'

C'est une terminaison très « active » en anglais. En effet, on l'ajoute au verbe chaque fois que l'on souhaite **mettre en relief l'activité** représentée par ce dernier. Il peut s'agir d'une **activité en cours de déroulement** (he is smok**ing** / *il fume*, voir p. 64).

Il peut s'agir d'une **activité située dans un contexte passé** (he was smok**ing** when he had a car accident / *il fumait quand il a eu un accident de voiture*, voir p. 106).

Il est également très fréquent d'utiliser la forme **V+ing** comme s'il s'agissait d'un nom. On parle alors de **gérondif** ou de **nom verbal.**

Tel un nom, le gérondif peut être en position de sujet (**smoking** is bad for the health / ***fumer** est mauvais pour la santé*).

On le trouve également en position de complément d'objet après des verbes tels que **like, love, hate** (I like **reading** / *j'aime lire*, I love **watching TV** / *j'adore regarder la télé*, I hate **getting** up early / *je déteste me lever de bonne heure*) ou certains verbes prépositionnels comme **prevent from** (*empêcher de*), **feel like** (*avoir envie de*), etc. :

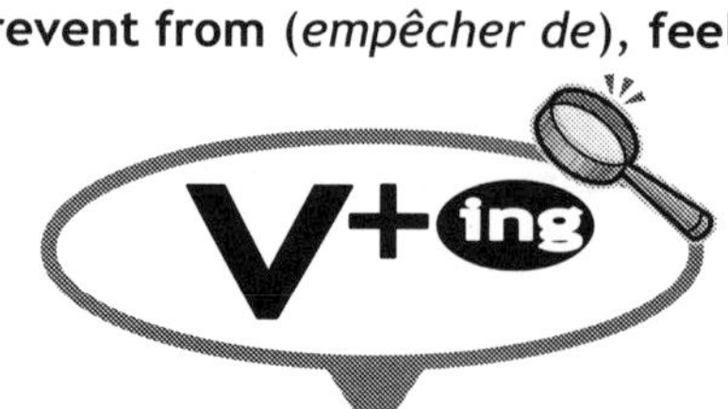

(play**ing** - rain**ing** - smok**ing** - watch**ing**)

Exercices

1. Réécrivez les phrases à la troisième personne du singulier :

a. They have breakfast at 8 a.m. He haves breakfast at 8 a.m

b. I play chess. He plays chess

c. We watch TV every evening. He watches TV every evening

d. I brush my teeth twice a day. He brushs his teeth twice a day

e. I mow the lawn twice a week. He mows the lawn twice a week

f. I go to the cinema once a month. He goes to the cinema once a month

2. Fabriquez des gérondifs à partir des éléments proposés et écrivez-les en dessous des images qui correspondent aux activités évoquées :

watch TV - do the shopping - cycle - sunbathe - dance - mow the lawn - put out the bin - play the piano

a. doing the shopping

b. sunbathing

c. mowing the lawn

d. puting out the bin

e. playing piano

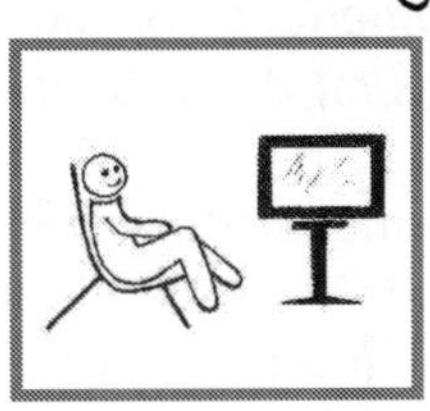

f. watching TV

g. dancing

h. cycling

3. Complétez chaque phrase avec un des gérondifs fabriqués dans l'exercice 2 :

a. My father loathes mowing the lawn.

b. I'm not good at playing the piano.

c. Do you like sunbathing on the beach?

d. How about watching a good film at the cinema instead of watching TV?

e. I really hate puting out the bin.

f. I don't mind doing the shopping once a week.

g. My girlfriend is fond of dancing

h. I love cycling to school when it doesn't rain.

2 - Le verbe anglais
La terminaison 'ed' et l'absence de terminaison (base verbale)

3. La terminaison 'ed' -

Il existe trois façons de prononcer **'ed'** : **[d]** après les sons voyelles (verbes en **ve** et **ay**) et les consonnes sonores (verbes en **n**), **[t]** après des consonnes sourdes (verbes en **p/k/ke/ss/sh**) et **[Id]** avec les verbes en **d/t/te** ou **ry** (ried).

Cette terminaison est souvent la marque d'une « **coupure** ». C'est la raison pour laquelle elle apparaît à la forme affirmative du prétérit simple (voir p. 90) et du prétérit modal (voir p. 96).

C'est aussi en ajoutant **'ed'** au verbe (régulier) qu'on obtient en anglais **l'équivalent « des » participes passés français** (**watched**/*regardé*, **finished**/*fini*, **lived**/*vécu*).

On retrouvera donc la terminaison **'ed'** à la fin d'un verbe conjugué au **present perfect** (voir p. 70) et au **past perfect** (voir p. 108) ou dans une phrase à la **voix passive** (voir p. 112) :

(play**ed** - rain**ed** - smok**ed** - watch**ed**)

En dehors de quelques cas particuliers (voir p. 143), **la terminaison 'ed' ne concerne pas les verbes irréguliers.** Ces verbes (très minoritaires) sont des « hors-la-loi grammaticaux » qui ont résisté au processus de simplification de l'anglais : ils possèdent leur **propre prétérit** et leur **propre participe passé**.

Ils sont répertoriés dans des listes ou des classements par familles (voir pp. 142-143). Il est nécessaire de les connaître parfaitement étant donné que des verbes aussi courants que **be** (*être*), **do** (*faire*), **eat** (*manger*), **drink** (*boire*) ou **drive** (*conduire*) sont irréguliers.

Pour conjuguer un verbe irrégulier à la forme affirmative du prétérit simple ou du prétérit modal, il faudra consulter la **deuxième colonne** de chaque liste ou classement. Pour conjuguer un verbe irrégulier au present (ou past) perfect et dans une phrase à la voix passive, il faudra consulter la **troisième colonne**.

4. L'absence de terminaison

Lorsqu'on n'ajoute aucune terminaison au verbe, on parle de **base verbale**. Le verbe est sous sa **forme de base**, sa **forme brute**. Il est dépourvu de tout « additif grammatical » (**'s'**, **'ing'**, **'ed'**). Il est « nu » :

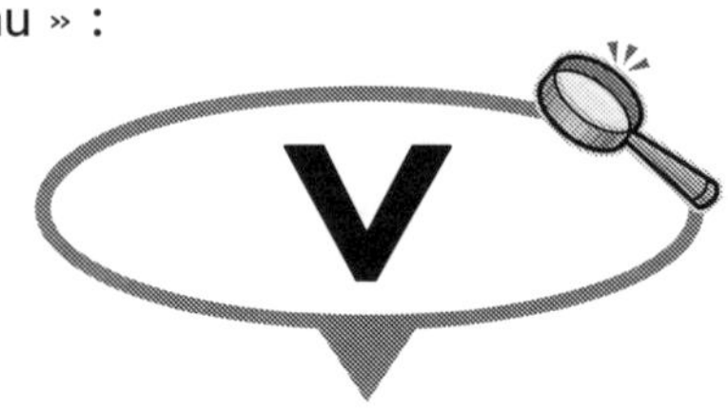

(play - rain - smoke - watch)

À savoir ⏩ La base verbale est sans doute la forme verbale la plus courante. On la trouve à l'impératif, aux formes négative et interrogative du présent simple et du prétérit simple et avec tous les auxiliaires modaux.

Exercices

1. Réécrivez les verbes avec la terminaison 'ed' :

a. work .... b. discuss .... c. want ....

d. wash .... e. arrive .... f. hurry ....

g. stop .... h. cook .... i. dispute ....

j. like .... k. marry .... l. play ....

2. Imaginez un instant que vous êtes une créature venue de l'espace qui apprend à prononcer l'anglais. Dans chaque bulle, écrivez la prononciation de la terminaison 'ed' ([d], [t] ou [Id]) des verbes obtenus dans l'exercice 1 :

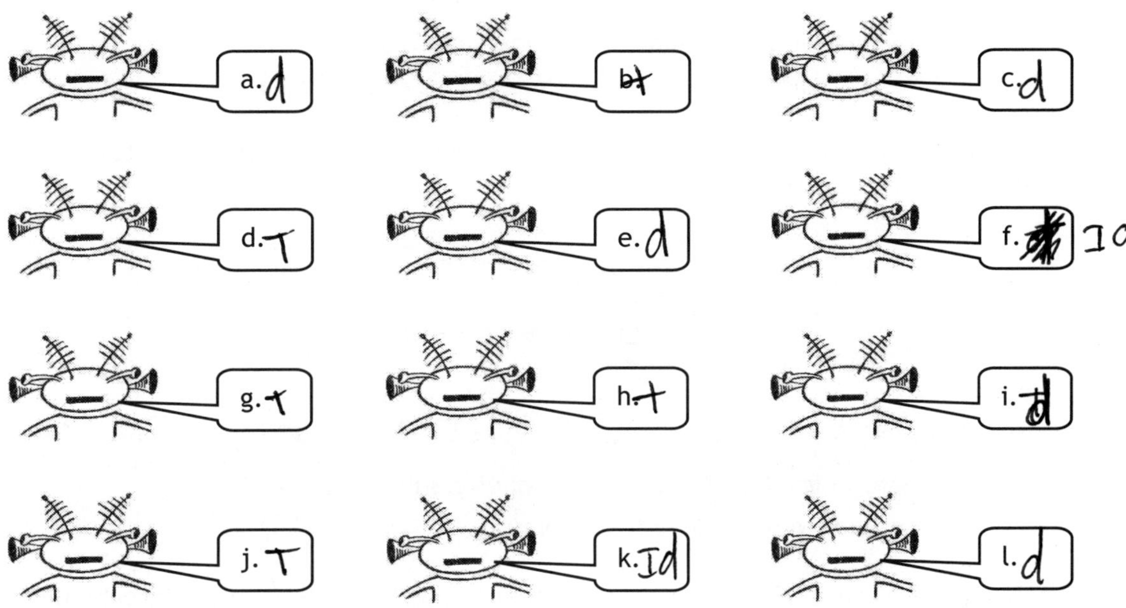

3. Retrouvez la base verbale des verbes (réguliers ou irréguliers) :

a. .... ➡ was / were

b. .... ➡ did

c. .... ➡ slipped

d. .... ➡ slept

e. .... ➡ cut

f. .... ➡ rained

g. .... ➡ had

h. .... ➡ sawed

i. .... ➡ saw

j. .... ➡ went

k. .... ➡ ate

3 - Les emplois de TO

TO + destination, TO + destinataire, TO + heure

To est une **flèche virtuelle** qui a pour cible un **lieu**, une **personne**, une **heure**, une **chose à faire**. **To** peut être une préposition ou une particule.

On met la préposition **to** devant **un nom de lieu** pour indiquer qu'on **cherche à atteindre**, qu'on **vise** telle ou telle **destination** :

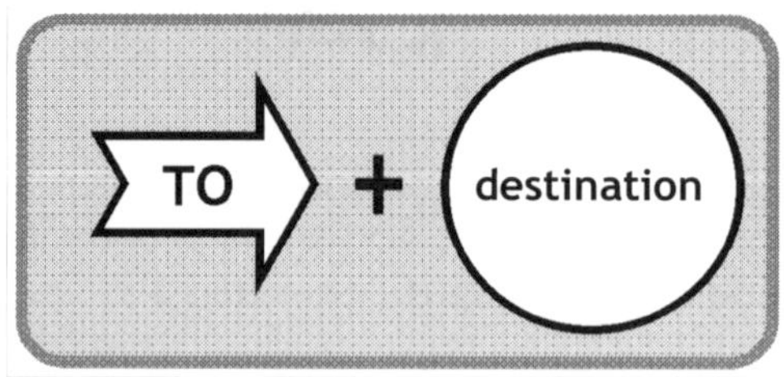

- John is going **to London**. (*John va **à Londres**.*)
- We are going **to the cinema**. (*Nous allons **au cinéma**.*)

On met **to** devant **un nom de personne** pour indiquer qu'on **cherche à atteindre**, qu'on **vise**, tel ou tel **destinataire** :

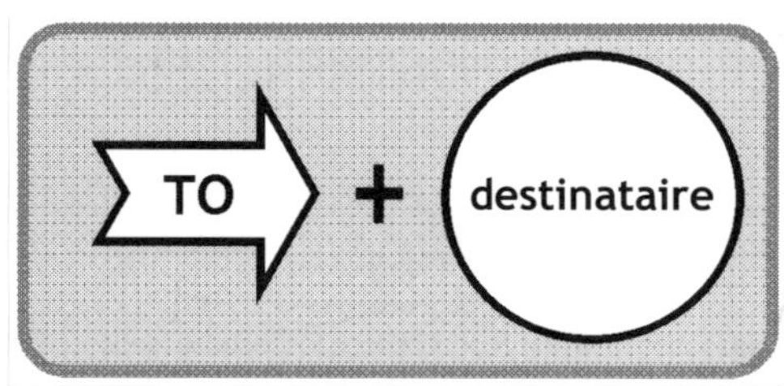

- Happy birthday **to you**! (*Joyeux anniversaire !*)
- I gave it **to her**. (*Je le lui ai donné.*)

On met **to** devant **une heure** pour indiquer que la cible de **to** est **la prochaine heure pleine.**

Entre le **6** et le **12** d'un cadran de montre ou d'horloge, le chiffre présent devant **to** indique le nombre de minutes que la grande aiguille doit encore « parcourir » avant d'atteindre la prochaine heure représentée par le chiffre se trouvant à la droite de **to** :

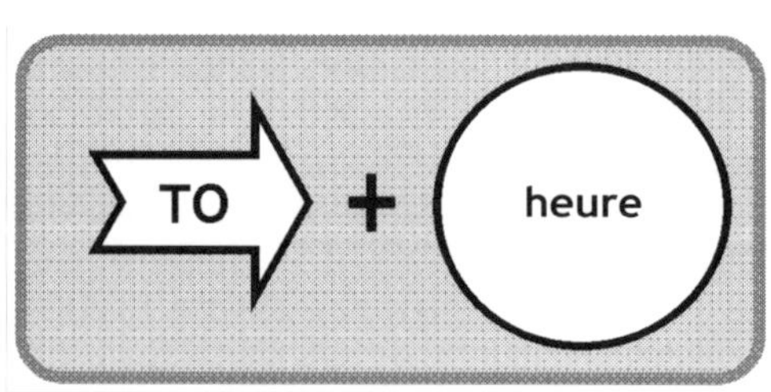

- It is five **to nine**. (*Il est neuf heures **moins cinq**.*)

Encore cinq minutes à « parcourir », et il sera neuf heures.

Exercices

1. Pour chaque situation, écrivez une phrase dans laquelle vous préciserez l'endroit où se rend le personnage ou à qui il destine telle ou telle action :

fly/United States - drive/London - write a letter/his girlfriend - Father Christmas/give a present /boy

a. 1.................................. 2............ 3..................................

b. 1.................................. 2............ 3..................................

c. 1.................................. 2............ 3..................................

d. 1.................................. 2............ 3..................................

2. Traduisez les heures en anglais en écrivant sur les pointillés :

a. **8:51**

It is ....

b. **9:50**

It is ....

4 - Les emplois de TO

TO + V+ing, TO + V

La préposition **to** peut introduire une forme en **V+ing** (voir gérondif, p. 6) :

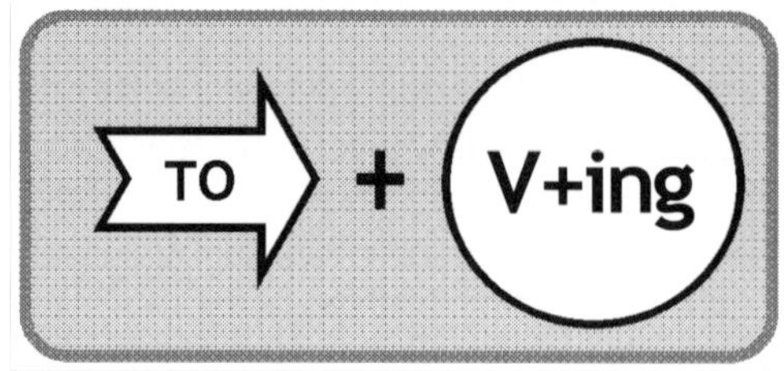

- She confessed **to murdering** her husband. (*Elle reconnut **le meurtre** de son mari.*)
- He is used **to doing** the dishes. (*Il a l'habitude **de faire** la vaisselle.*)
- He got used **to living** alone. (*Il s'est habitué **à vivre** seul.*)

On peut trouver **to** (particule) **devant une base verbale (V)** ; non pas pour « marquer » l'infinitif (**to** ne peut pas être réduit à un équivalent des marques **ER** [chant**ER**], **IR** [fin**IR**] et **OIR** [av**OIR**] en français) mais pour exprimer l'idée qu'on « **s'achemine vers** » la réalisation de telle ou telle action (la cible) :

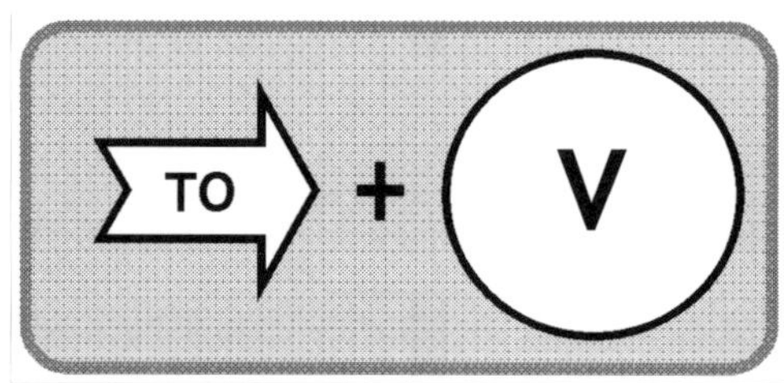

- I want **to drink**. (*Je veux **boire**.*)
- I drink **to forget**. (*Je bois **pour oublier**.*)
- Don't forget **to post** the letter. (*N'oublie pas **de poster** la lettre.*)

À savoir

- C'est ce **to** « traceur de chemin » que l'on trouve dans les outils décrits ci-dessous :
- Avec **be going to** (voir pp. 84-86), celui qui parle « projette », « prédit » une action future qui lui paraît envisageable, logique, atteignable (it is going **to** rain / *il va* pleuvoir).
- Avec **have to** (voir p. 124), on indique qu'une action est en**visagée** comme nécessaire (I have **to** do the shopping / *il faut que j'aille faire les courses*).
- Avec **be able to**, on fait comprendre que le sujet est **(be)** capable **(able)** d'atteindre la réalisation **(to)** de telle ou telle action (he is able **to** swim / *il sait nager*). **Be able to** est préféré à **can** lorsqu'on souhaite mettre en relief une aptitude particulière (forme affirmative) ou un défaut d'aptitude (forme négative).
- Avec **be allowed to**, on fait savoir que le sujet est **(be)** autorisé **(allowed)** à s'acheminer vers **(to)** la réalisation de telle ou telle action (he is allowed **to** go out / *il peut sortir*).

Exercices

1. Reliez les débuts de phrase (à gauche) aux fins de phrase correspondantes (à droite) :

He used	a.	1.	to smoking
He is used	b.	2.	to post the letter
I don't remember	c.	3.	getting up early
Don't forget	d.	4.	to smoke
I hate	e.	5.	to sleep late
I would like	f.	6.	posting the letter
She regrets	g.	7.	going on holiday
She can't afford	h.	8.	to living in a flat
He didn't get used	i.	9.	buying that dress

2. Complétez les phrases avec BE GOING TO, HAVE TO, BE ALLOWED TO ou BE ABLE TO à la forme affirmative ou négative en fonction du contexte :

a. Look! That baby .... read!

b. Look! The car .... crash into the tree!

c. You are too fat! You .... lose weight.

d. You .... park your car here!

e. I .... stop smoking.

f. I .... stop smoking. It's too difficult!

g. I .... help you. I'm really sorry!

h. Tom .... play video games after 6 p.m.

3. Complétez les phrases avec CAN ou BE ABLE TO, à la forme affirmative ou négative en fonction du contexte :

a. Birds .... fly.

b. Look! That little bird .... fly!

c. I am really sorry. I .... find the problem.

d. Don't worry! The mechanic will .... repair your car.

e. My mechanic .... even .... change a wheel.

f. I .... stand sleeping late and wasting time.

g. Some clairvoyants are swindlers because they .... tell the future.

5 - L’auxiliaire

Le rôle de l’auxiliaire, les formes négative et interrogative

Rien ne ressemble plus à un verbe qu’un auxiliaire. Les auxiliaires étant des dérivés de verbes, il n’y a rien d’étonnant à ce qu’un auxiliaire soit le « portrait craché » d’un verbe :

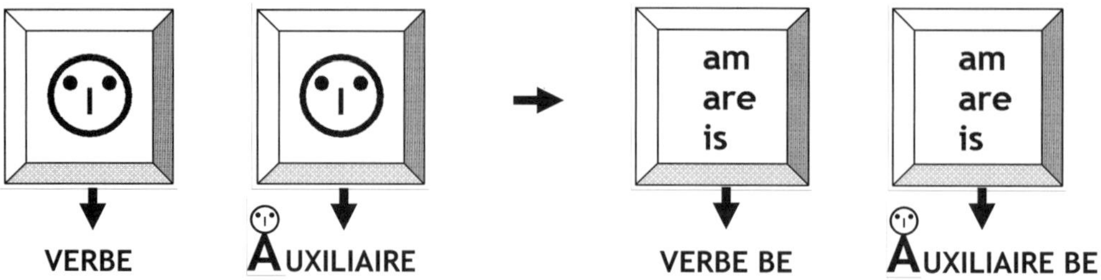

Malgré les apparences, le verbe et l’auxiliaire ont des fonctions bien distinctes dans la phrase. On l’a vu (p. 6), la principale mission du verbe anglais est de nous renseigner sur ce que fait le sujet.

À la différence du verbe français, le verbe anglais n’est pas impliqué dans l’expression de la négation ou de l’interrogation. **En anglais, toutes les « corvées grammaticales » que le verbe ne fait pas sont généralement prises en charge par l’auxiliaire**. Comme l’indique son étymologie, **l’auxiliaire est donc une sorte de « super-mot » qui assiste le verbe**. Cela explique sa quasi-omniprésence dans les énoncés anglais.

Le verbe anglais (**be** excepté, voir p. 26) ne s’occupe pas de la négation. **C’est donc l’auxiliaire** (quel qu’il soit) **qui « s’y colle »**. Il s’y colle au sens figuré à la forme négative pleine ; mais **il s’y colle au sens propre à la forme négative contractée** (voir p. 22) :

Forme négative pleine

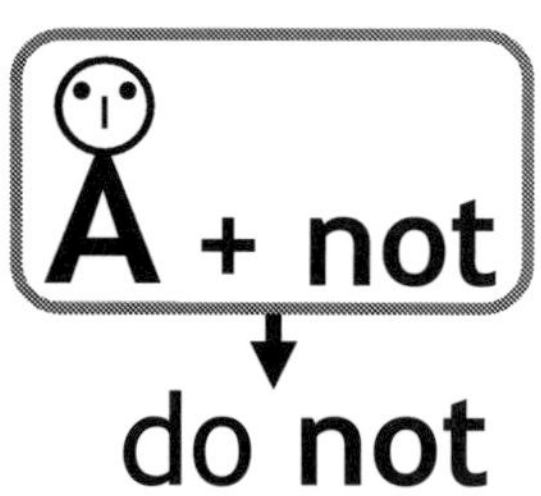

Forme négative contractée

Le verbe anglais (**be** excepté, voir p. 26) ne se déplace pas devant le sujet pour marquer l’interrogation. C’est donc **l’auxiliaire** qui **va marquer l’interrogation en se plaçant devant le sujet** :

- **Is** it raining? (*Pleut-il ?*)
- **Did** you go to Pekin in 2008? (*Es-tu allé à Pékin en 2008 ?*)
- **Do** you play chess? (*Joues-tu aux échecs ?*)
- What **are** you going to do? (*Que vas-tu faire ?*)

Exercices

1. Observez les phrases. Soulignez les verbes et surlignez les auxiliaires :

a. My father is a mechanic.

b. The mechanic is repairing a car.

c. What do you do on Sundays?

d. What is the weather like?

e. Do you like cinema?

f. He is thirsty.

g. He is drinking.

2. Réécrivez les auxiliaires à la forme négative contractée :

a. does not ➡ ....

b. did not ➡ ....

c. are not ➡ ....

d. am not ➡ ....

e. is not ➡ ....

f. have not ➡ ....

g. has not ➡ ....

3. Transformez les phrases en questions en complétant les espaces vides :

a. He is sleeping.

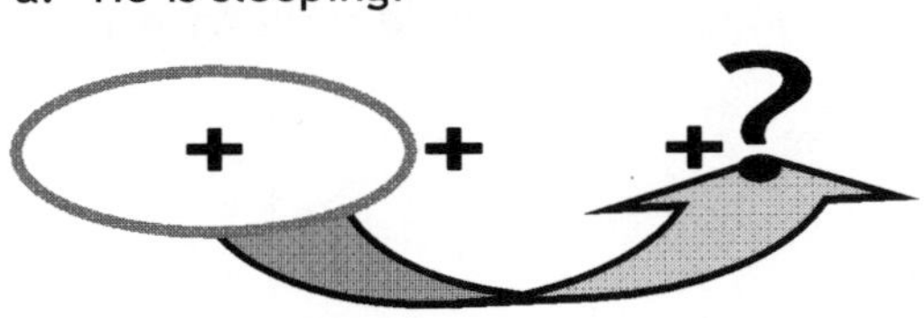

b. It rained.

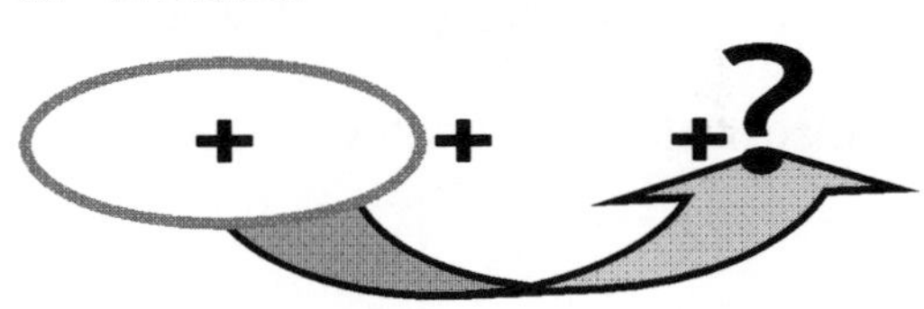

c. They have got a dog.

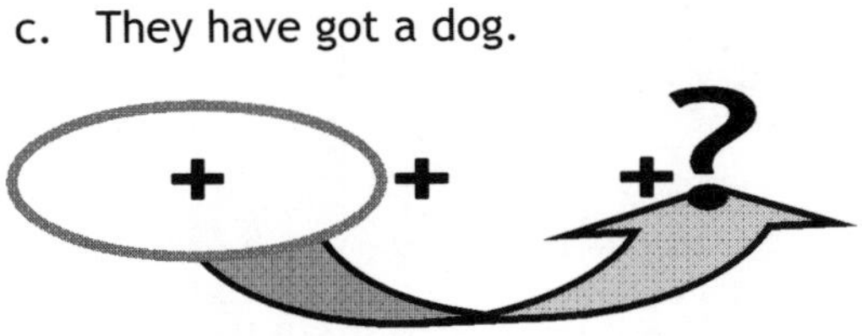

d. He will call me.

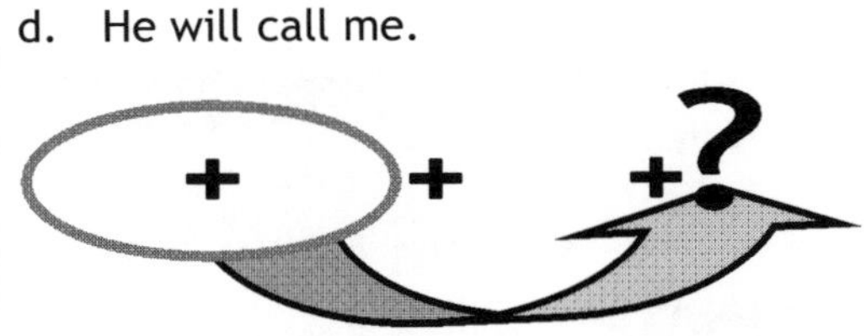

e. She smokes.

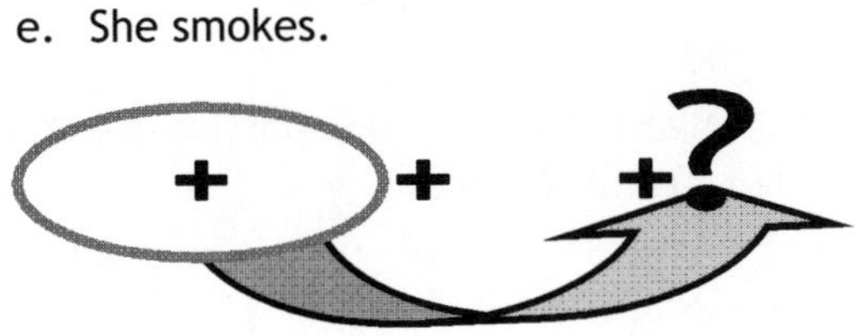

f. She can read.

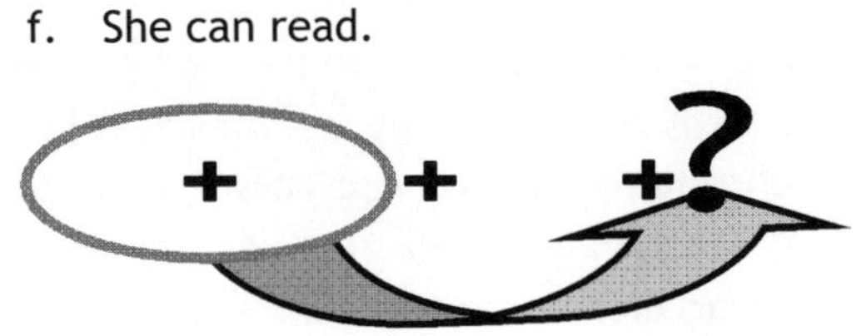

6 - L'auxiliaire

L'auxiliaire et les repérages dans l'espace-temps

Dans bien des cas, c'est **l'auxiliaire** qui **situe dans le temps l'action décrite par le verbe** :

Conjugués au présent, les auxiliaires **be** et **have** situent l'activité ou l'action par rapport au **moment où l'on parle (NOW)** :

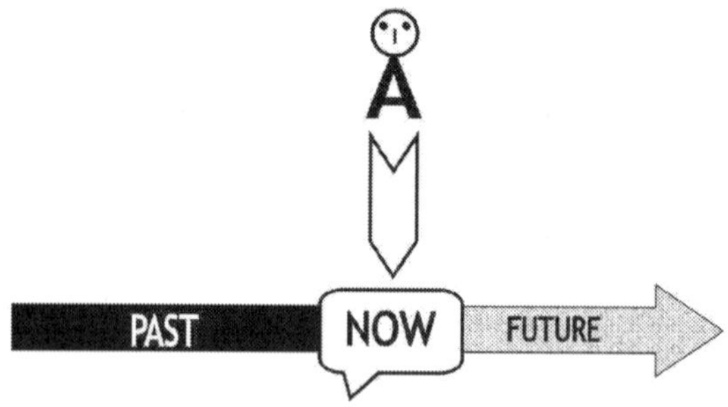

- It **is** raining. (*Il pleut.*)
- It **has** rained for three days. (*Il pleut depuis trois jours.*)

Les auxiliaires **did**, **had** et **was/were** situent l'action ou l'activité dans **le passé** :

- It **did**n't rain yesterday. (*Il n'a pas plu hier.*)
- They **had** eaten when I arrived. (*Ils avaient mangé quand je suis arrivé.*)
- They **were** eating when I arrived. (*Ils mangeaient quand je suis arrivé.*)

L'auxiliaire modal **will** situe l'action dans le **futur** :

- I **will** arrive at six p.m. (*J'arriverai à dix-huit heures.*)

À savoir ⏩ La liste n'est pas exhaustive. On aurait pu aussi citer **would** qui peut situer une action dans un **présent imaginaire « en rupture totale » avec la réalité présente** (voir p. 96) ou dans une **période passée** (voir p. 100).

Il existe même des auxiliaires modaux qui renvoient aux trois parties du **temps chronologique (time) :** passé/**past** - présent/**now** - futur/**future**.

C'est par exemple le cas du modal **can** (voir p. 122) qui peut introduire une **caractéristique permanente** (birds **can fly** / *les oiseaux* ***volent***).

Exercices

Dans chaque énoncé, repérez l'auxiliaire, surlignez-le, puis reliez-le à PAST, NOW ou FUTURE par l'intermédiaire d'une flèche :

a. What are you doing?

b. Have you finished?

c. He was running.

d. They didn't come.

e. He hadn't arrived.

f. Will you phone me?

g. They were sleeping.

7 - L'auxiliaire

L'auxiliaire et les réponses courtes, la forme d'insistance, les modaux

L'auxiliaire sert aussi à faire des réponses courtes. Pour répondre par « **oui** » à une **question fermée** (question dépourvue de mot interrogatif), l'anglais dit « **Yes, + pronom personnel sujet + auxiliaire à la forme affirmative pleine** ». Pour répondre par « **non** » à une question fermée, l'anglais dit « **No, + pronom personnel sujet + auxiliaire à la forme négative contractée** » :

Yes,+ sujet + A

- Yes, I do.
- Yes, I did.
- Yes, I have.
- Yes, I had.

} **OUI**

No,+ sujet + An't

- No, I don't.
- No, I didn't.
- No, I haven't.
- No, I hadn't.

} **NON**

À savoir ▸▸ Si l'on veut répondre sur un **ton catégorique**, il suffit de ne pas faire apparaître **yes** ou **no** : "Do you love him?" - "**I don't**" (*Tu l'aimes ? - **Certainement pas**.*)

À la forme affirmative du présent simple et du prétérit simple, celui qui parle peut avoir recours aux auxiliaires **do** et **did** (normalement absents) pour « **appuyer** » son discours, manifester son **insistance** en confirmant ou contredisant ce qui vient d'être dit par son interlocuteur. Dans cet emploi, les auxiliaires **do** et **did** sont **accentués à l'oral** :

Sujet + do (ou does) + V

- I **do** **believe** you.

(***Très bien**, je vous crois.*)

Sujet + did + V

- I **did** **see** alien beings!

(*J'ai **bien** vu des extra-terrestres !*)

À savoir ▸▸ Dans un énoncé à l'impératif, on peut utiliser l'auxiliaire **do** devant la base verbale pour intensifier un ordre : "**Do come in!**" (***Mais** entrez **donc** !*)

Comme le montrent les exemples ci-dessus, un auxiliaire peut venir s'intercaler entre le sujet et le verbe pour préciser **le point de vue** (manière de penser, vision personnelle) **de celui qui parle.**

C'est ce qui caractérise les **auxiliaires modaux** (**must**, **can**, **should**, **may**, **might**, **will**, **would**, etc.). Ils sont **invariables** et fonctionnent tous avec une **base verbale**. On les utilise pour **faire pression** sur quelqu'un (obligation, conseil), évoquer ce qui relève du **possible** (capacité, autorisation, probabilité) ou de **l'impossible** (interdiction) :

Point de vue de celui qui parle

↗ You **must** brush your teeth.

(*Tu **dois** te brosser les dents.*)

↘ It **must** be the postman.

(*Ce **doit** être le facteur.*)

Exercices

1. Répondez par oui (+) ou par non (-) :

a. Have you got a pet? (+) ....

b. Is it raining? (-) ....

c. Can you swim? (+) ....

d. Do you play chess? (-) ....

e. Does he love her? (-) ....

f. Have you seen Sam? (-) ....

g. Did you know him? (+) ....

2. Imaginez les questions qui pourraient être à l'origine des réponses courtes :

a. .... ? Yes, he did.

b. .... ? No, I don't.

c. .... ? No, they haven't.

d. .... ? Yes, I am.

e. .... ? Yes, I have.

3. Jack contredit systématiquement son interlocuteur. Complétez chaque bulle de droite avec l'auxiliaire adéquat :

So, Jack, you don't help your mother. — a. I .... help my mother!

So, Jack, you didn't lay the table. — b. I .... lay the table!

So, Jack, you don't brush your teeth. — c. I .... brush my teeth!

So, Jack, you didn't feed the cat. — d. I .... feed the cat!

So, Jack, you didn't do your homework. — e. I .... do my homework!

So, Jack, you don't make your bed. — f. I .... make my bed!

8 - L'auxiliaire

L'auxiliaire et les tags

Une maîtrise parfaite de la mécanique des auxiliaires s'impose pour être capable de construire des **question tags**. En effet, le **tag** est une question réduite à l'essentiel **([auxiliaire + n't + pronom personnel sujet + ?]** ou **[auxiliaire + pronom personnel sujet + ?])** que l'on ajoute à un énoncé affirmatif ou négatif. Il est généralement rendu en français par « **pas vrai ?** », « **n'est-ce pas ?** », « **hein ?** », « **vraiment ?** », « **non ?** ».

Il sert généralement à établir un dialogue, à demander la confirmation de quelque chose ou à signaler un manque d'assurance, d'où une intonation descendante en fin de question.

Si l'énoncé est affirmatif **(+)** ⇨ le tag est négatif **(-)** ⇨ **[auxiliaire + n't + pronom personnel sujet + ?]** :

+	-
You speak English,	don't you?

(*Vous parlez anglais,* ***pas vrai*** *?*)

+	-
She worked in a bank,	didn't she?

(*Elle travaillait dans une banque,* ***n'est-ce pas*** *?*)

+	-
It has rained,	hasn't it?

(*Il a plu,* ***n'est-ce pas*** *?*)

+	-
You are working,	aren't you?

(*Tu travailles,* ***hein*** *?*)

À savoir

- Il est possible d'utiliser la **forme pleine dans un tag négatif**. Dans ce cas, celui qui parle fait preuve d'**ironie** (dérision, plaisanterie) : "You have seen aliens, **have you not**?" (*Tu as vu des extra-terrestres, n'est-ce pas ?*)
- Avec **be**, **"I am"** (ou **"I'm"**) est repris par **"aren't I"** dans le tag.

Si l'énoncé est négatif **(-)** ⇨ le tag est affirmatif **(+)** ⇨ **[auxiliaire + pronom personnel sujet + ?]** :

-	+
You don't speak English,	do you?

(*Vous ne parlez pas anglais,* ***hein*** *?*)

-	+
She didn't work in a bank,	did she?

(*Elle ne travaillait pas dans une banque,* ***hein*** *?*)

-	+
It hasn't rained,	has it?

(*Il n'a pas plu,* ***hein*** *?*)

-	+
You aren't working,	are you?

(*Tu ne travailles pas,* ***hein*** *?*)

À savoir ⏩ Si la phrase principale (côté gauche du tableau) contient un mot négatif (**never**/*jamais*, **nothing**/*rien*, **nobody**/*personne*, etc.), **le tag doit être affirmatif** : "You **never** make your bed, **do you**?" (*Tu ne fais jamais ton lit, hein ?*)

Exercices

1. Aidez les personnages à établir ou rétablir un contact en écrivant des questions se terminant par un tag dans les bulles :

come from another planet - live in the sea - leave me - be invisible

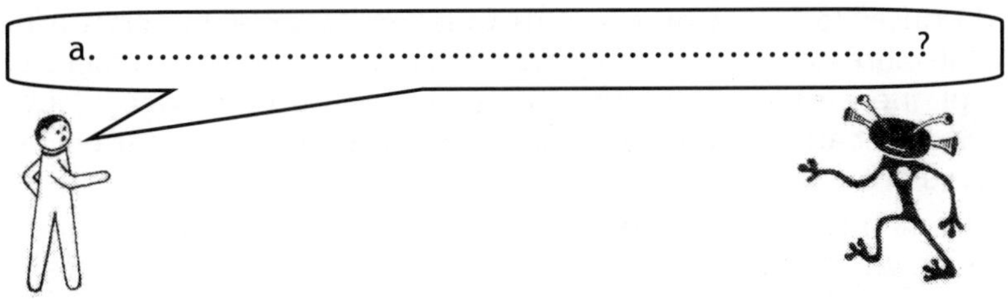

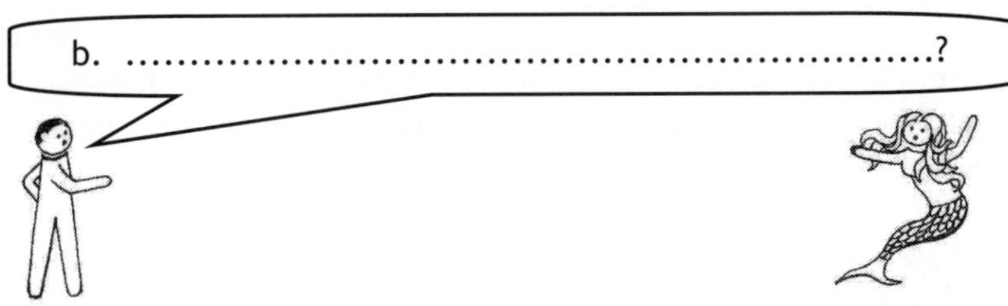

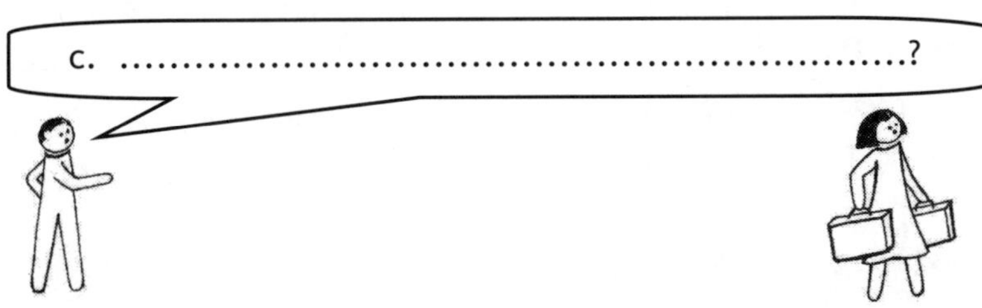

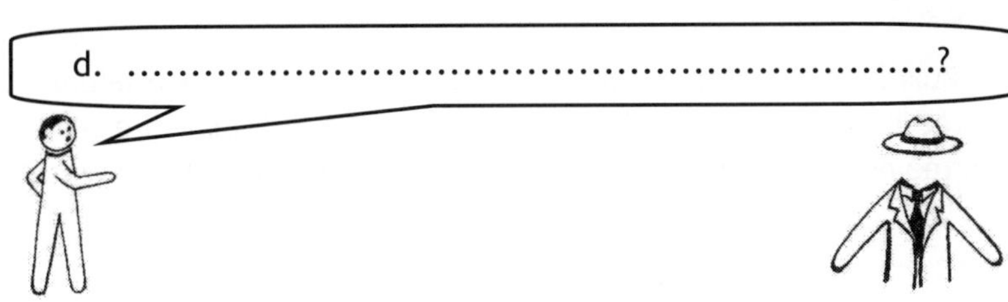

2. Terminez chaque énoncé à l'aide du tag qui convient :

a. I'**m** late, ...?

b. It'**s** going to rain, ...?

c. You **have** been smoking, ...?

d. You **don't** speak English, ...?

e. You **have** never been to London, ...?

f. You'**re** joking me, ...?

g. That girl **wasn't** in love with you, ...?

h. You **haven't** done your homework, ...?

i. You **aren't** going to invite them, ...?

9 - L'auxiliaire

L'auxiliaire et la forme contractée

Certains auxiliaires, le verbe **be** ainsi que la négation **(not)** peuvent être écrits avec toutes les lettres qui les composent (on parle de **forme pleine**) ou avec seulement quelques-unes de leurs lettres (on parle de **forme contractée**). La forme pleine correspondant à l'écriture « normale » d'un mot, seule la forme contractée sera l'objet d'un rappel. Les formes pleine et contractée sont utilisées à l'écrit comme à l'oral.

Il est conseillé d'utiliser la **forme pleine** dans **tous les documents écrits officiels** (ouvrages, courriers ou e-mails adressés à une administration ou à des supérieurs hiérarchiques, etc.). **À l'oral, la forme pleine permet d'insister sur le contenu du message**, notamment dans des situations de communication dans lesquelles les personnes qui parlent sont en conflit, haussent le ton (you **are not** listening to me / *tu ne m'écoutes pas*).

À l'écrit, on utilise la forme contractée dans des lettres ou e-mails destinés à des proches. Et à l'oral, elle est régulièrement utilisée dans des situations « décontractées ».

- À la forme affirmative, on peut **contracter** certains auxiliaires **(be, have, had, will) en enlevant la première ou les deux premières lettres** qui les composent. La ou les lettres enlevées sont remplacées par une **apostrophe**. Voici, par exemple, les formes contractées des auxiliaires **be** et **have** :

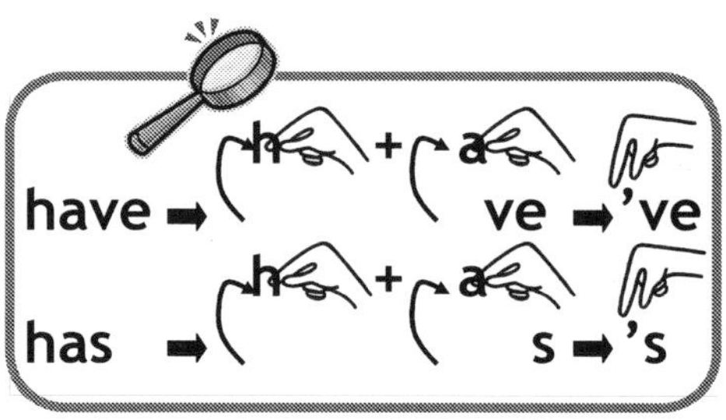

- Pour écrire un auxiliaire à la **forme négative contractée**, il suffit normalement de « **coller** » la forme contractée de la négation **(n't)** à la forme pleine de l'auxiliaire (voir p. 14). Voici, par exemple, la forme négative contractée de **be** (**are** et **is** seulement) et **have/has** :

À savoir ▸▸ Pour des raisons essentiellement phonologiques **(prononciation)**, des auxiliaires tels que **be** (à la première personne du singulier), **can**, **will** et **shall** (à toutes les personnes) ne respectent pas tout à fait la règle de construction décrite ci-dessus à la forme négative contractée :

am not	→	'm not
cannot	→	can't
will not	→	won't
shall not	→	shan't

Exercices

1. Réécrivez les mots soulignés à la forme contractée :

Hi Jane !
I am (a.) Sam. I am (b.) from Wales. I am fourteen. I have (c.) got a big family. I have got one sister, Kate. She is (d.) 20.
She has (e.) got a stupid boyfriend. I do not (f.) like him because he does not (g.) play football with me. My father is 44. He has (h.) had an accident, so he cannot (i.) work at the moment. My mother is a housewife. What about you?
I hope you will (j.) write soon.

Sam

2. Lisez les phrases et écrivez l'auxiliaire adéquat devant la forme contractée de NOT :

a. Excuse me, I ....n't understand.
b. I ....n't seen your dog.
c. Come in! We ....n't sleeping.
d. When I was a child, I ....n't watch TV.
e. He ....n't make his bed every day.
f. I ....'t hear you! Can you repeat, please?
g. If I were you, I ....n't do that.
h. If you take an umbrella, you..........n't get wet.

3. Réécrivez les mots en caractères gras à la forme pleine :

a. There'**s** a fly in my plate. ....
b. I **can't** stand that. ....
c. I hope it **won't** rain tomorrow. ....
d. What'**s** he doing? ....
e. You **shan't** go out tonight! ....
f. They'**ve** got a funny little house. ....
g. You **aren't** working, are you? ....
h. You'**ll** help me, won't you? ....
i. She'**s** got beautiful eyes. ....
j. She **doesn't** eat meat. ....

Séquence de révision n° 1

1. Ces images représentent des activités. Écrivez le verbe qui correspond à chaque image avec la bonne terminaison :

predict - drink - ring - write - play - sleep - build - read

a. .... b. .... c. .... d. ....

e. .... f. .... g. .... h. ....

score..../8

2. À partir des mots en caractères gras, retrouvez l'auxiliaire qui manque :

a. **Look!** The cat .... sleeping in the basket!

b. What .... you doing **yesterday at 2 p.m**? I .... mowing the lawn.

c. You .... like mowing, **do you**?

d. You **hate** doing the dishes, ...?

e. You .... going to fire me, are you?

f. What .... you **got** in your bag?

score..../7

3. Complétez les phrases avec l'expression ou le verbe adéquat :

a. My cat .... sleeping in that basket.

b. I....................... getting up early. Usually, I sleep late.

c. I....................... buying that car! It's too expensive!

d. .... can seriously damage your health.

e. Lonely people .... celebrating Christmas and the New Year's Eve.

f. The doctor prevents me from ....

score..../6

Séquence de révision n° 1

4. Ces images représentent des actions passées. Écrivez le verbe qui correspond à chaque image avec la bonne terminaison :

climb - paint - crash - wash - mow - iron - discover - cook

a. .... b. .... c. .... d. ....

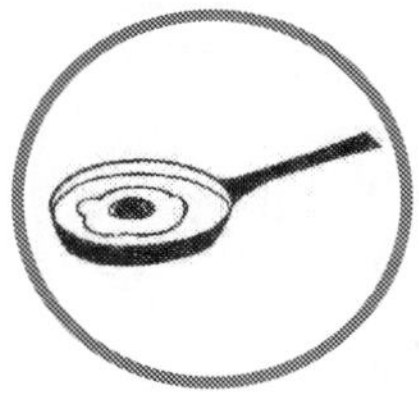

e. .... f. .... g. .... h. ....

score..../8

5. Complétez les phrases avec l'auxiliaire adéquat :

a. The plane .... crashed, ... it?

b. Barack Obama .... elected president in November 2008, ... he?

c. .... you mowed the lawn? Yes, I...............

d. Christopher Columbus discovered America in 1492, ... he?

e. The financial crisis started in 2008, ... it?

f. Polar bears .... disappearing, ... they?

score..../10

6. Réécrivez les phrases en rajoutant TO au bon endroit :

a. Don't forget put out the bin! ....

b. It's twenty two. ....

c. I'm going the restaurant. ....

d. Do you want come with me? ....

e. Count twenty and try find me! ....

f. Be or not be: that is the question. ....

score..../8

10 - Le verbe BE au présent

Comment ça marche ?

Be est sans doute le verbe le plus courant et le plus « déroutant » de la grammaire anglaise. Au présent, il est le seul verbe à avoir trois formes distinctes **(am, are, is)** différentes de la base verbale **(be).**

Même employé comme **verbe lexical** (pour traduire le verbe « être »), il fonctionne comme un **auxiliaire.** De ce fait, c'est le seul verbe anglais à pouvoir « se suffire » à lui-même au présent et au prétérit simple.

- À **la forme affirmative pleine**, les trois formes de **be** sont réparties de la façon suivante : I **am**, he/she/it **is**, we/you/they **are**

- À **la forme affirmative contractée**, on enlève la voyelle **« a »** ou **« i »** et on la remplace par une apostrophe :

I	'm
You	're
He/she/it	's
We	're
They	're

➡

- À **la forme négative pleine**, les trois formes de **be** précèdent la forme pleine de la négation **(not)** : I **am not**, he/she/it **is not**, we/you/they **are not.**

- À **la forme négative contractée**, on peut mettre la forme contractée de **be ('m,'re,'s)** devant la forme pleine de la négation **(not)**. En général, on « colle » la forme contractée de **not (n't)** sur les formes pleines de **are** et de **is** (uniquement) :

'm not ⬅

I	'm not
You	aren't
He/she/it	isn't
We	aren't
They	aren't

}

- À **la forme interrogative**, les trois formes de **be** se placent **devant le sujet** pour **marquer l'interrogation** :

Am	I?
Are	you?
Is	he/she/it?
Are	we?
Are	they?

➡

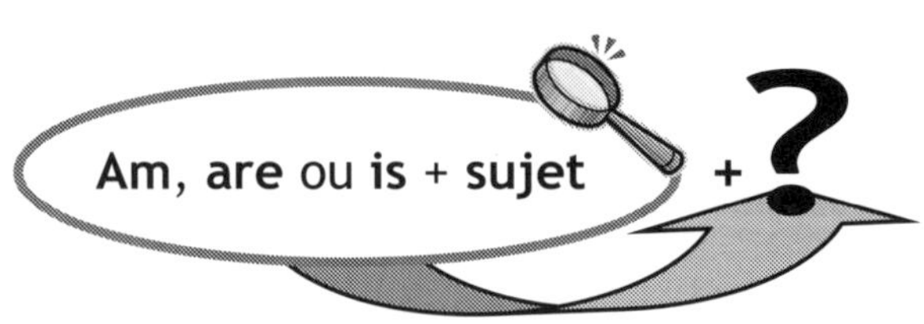

- Dans **les réponses courtes** (pour répondre par **« oui »** ou par **« non »**), il suffit de reprendre le verbe **be** (attention aux questions en **« are + you »** !) à la forme affirmative ou négative, précédé du pronom personnel adéquat :

  - **Are** you hungry? Yes, I **am** (*oui*) / No, **I'm not** (*non*).
  - **Is** he cold? Yes, he **is** (*oui*) / No, he **isn't** (*non*).

Exercices

1. Réécrivez les phrases à la forme affirmative pleine :

a. It's Sam's coat. ....

b. There's a fly in your glass. ....

c. What's your sister's phone number? ....

d. You're late! ....

2. Réécrivez les phrases à la forme négative contractée :

a. I am not your skivvy! ....

b. That is not my cup of tea! ....

c. My hands are not frozen. ....

d. My neighbours are not friendly people. ....

3. Réécrivez les phrases à la forme interrogative :

a. You're thirsty. ....

b. He's 49. ....

c. She's in love with him. ....

d. She's a teacher. ....

4. Écrivez les questions correspondant aux réponses :

a. ....? I'm a mechanic.

b. ....? It's ten past four.

c. ....? It's £15.

d. ....? It's cold.

5. Faites des réponses courtes :

a. Are you French? ....

b. Are you good at playing chess? ....

c. Is it cold? ....

d. Are you a first form pupil? ....

6. Imaginez les questions qui ont pu provoquer ces réponses courtes :

a. ....? Yes, I am.

b. ....? No, he isn't.

c. ....? Yes, we are.

d. ....? No, they aren't.

11 - Le verbe BE au présent (1/2)

À quoi ça sert ?

On utilise le verbe **be** pour exprimer des **éléments propres à une personne, des caractéristiques** : le **nom / l'identité (1)**, la **nationalité (2)**, la **profession (3)**, **l'endroit d'où on est** (dans ce cas, **be** est traduit par *venir*) **(4)** :

(*1.Je **m'appelle** Ann.*) (*2. Je **suis** inuit.*) (*3. Je **suis** gendarme.*) (*4. Je **viens** de Mars.*)

Be sert à exprimer des **états physiques et psychologiques**. Certains de ces états (le froid, la faim, la soif, la peur, l'âge, le vertige, etc.) sont introduits par le verbe *avoir* en français :

(*Il **a** froid.*) (*Il **a** faim.*) (*Il **a** soif.*) (*Il **a** peur.*) (*Il **a** cinq ans.*)

On utilise **be** pour interroger quelqu'un sur **l'état de sa santé**. Dans cet emploi, on traduit **be** par le verbe *aller* :

How **are** you? (*Comment **allez**-vous ?*)

I'**m** better. (*Je vais mieux.*)

On utilise **be** pour demander à quelqu'un **le temps qu'il fait** (« l'état du temps »). Dans cet emploi, **be** est traduit par le verbe *faire* :

What'**s** the weather like? (*Quel temps **fait**-il ?*)

The weather'**s** fine. (*Il **fait** beau.*)

On utilise **be** pour interroger quelqu'un sur **le prix d'un objet**. Dans cet emploi, **be** est traduit par le verbe *coûter* :

How much **is** it? (*Combien ça **coûte** ?*)

The **CD** is £8. (*Ce CD **coûte** huit livres.*)

À savoir ⏩ Il est également possible d'utiliser le verbe **be** avec le sens de « *se comporter* », « *se conduire* ». Dans cet emploi, **be** est un verbe d'action alors compatible avec **'ing'** : "Stop **being silly**, Mike!" (*Arrête de faire l'idiot, Mike !*)

Exercices

1. **Faites des phrases pour parler du métier, de la nationalité ou du pays d'origine des personnages :**

English – Scotland – cowboy

a. ....

b. ....

c. ....

2. **Faites des phrases pour parler des personnages ou du temps qu'il fait :**

thirsty – hungry – scared – dizzy – cold – cloudy – windy – sunny

a. ....

b. ....

c ....

d. ....

e. ....

f. ....

g. ....

h. ....

i. ....

11 - Le verbe BE au présent (2/2)
À quoi ça sert ?

On utilise **be** pour **indiquer la présence ou l'absence** de quelque chose ou de quelqu'un quelque part. Autrement dit, on a recours au verbe **be** pour parler de ce qu'**il y a** (donc de **ce qui est, ce qui existe**) ou de ce qu'il **n'y a pas** (donc de **ce qui n'est pas, ce qui n'existe pas**) quelque part, là (« là » qui est traduit par **there** en anglais).

Pour indiquer, **signaler la présence d'un seul élément**, on traduit *il y a* par **there is** suivi d'un nom au singulier. Pour signaler l'absence d'un élément, il suffit de conjuguer **is** à la forme négative pleine ou contractée (**there isn't** any butter / ***il n'y a pas** de beurre*) :

(*Regarde ! **Il y a** un chat dans le panier !*)

Pour indiquer, **signaler la présence de deux éléments ou plus**, on traduit *il y a* par **there are** suivi d'un nom au pluriel. Pour signaler l'absence de plusieurs éléments, il suffit de conjuguer **are** à la forme négative pleine ou contractée (**there aren't** any stamps / ***il n'y a pas** de timbres*) :

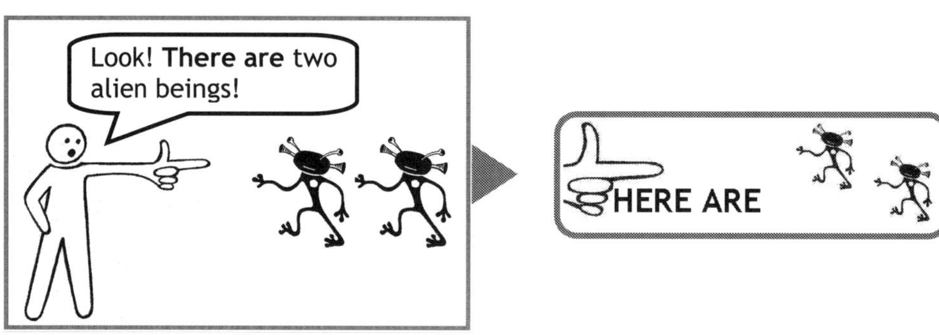

(*Regarde ! **Il y a** deux aliens !*)

À savoir

- On ne peut contracter que **there is** (**There's** a cat in the basket!).
- À la forme interrogative, il suffit de mettre **is** ou **are** devant **there** (**is there** any coffee? / *y a-t-il du café ?* – **are there** any shops? / *y a-t-il des magasins ?*).
- Les noms au pluriel exprimant une **somme d'argent** ou une **durée** ne peuvent être introduits que par **there is** (**there is** two hours to wait / *il y a deux heures d'attente* – **there is** still **£50** to be paid / *il y a encore cinquante livres à payer*).
- Quand on fait une **énumération**, l'accord (**is** ou **are** après **there**) se fait généralement avec le premier nom de la liste (**there is a man**, a woman and two children).

Exercices

Faites des phrases pour parler de ce qu'il y a dans les images :

house – flying saucer – skyscraper – cat – mousetrap – mousehole - dog – crocodile – rails – parrot – pirate's shoulder – between – above – behind – under – in front of – around – on – in – man - flyswatter – fly – aerial – tree – bird – satellite – Earth – water - mouse

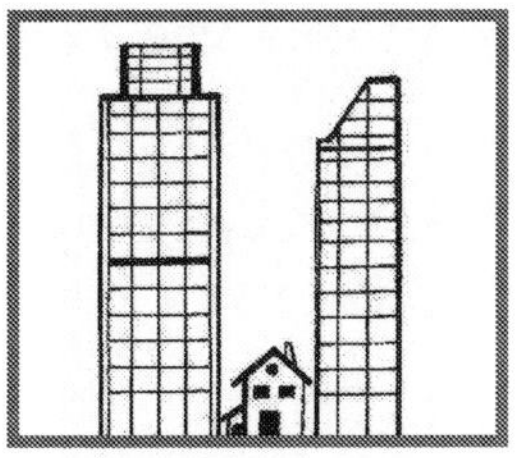

a.

b.

c.

d.

e.

f.

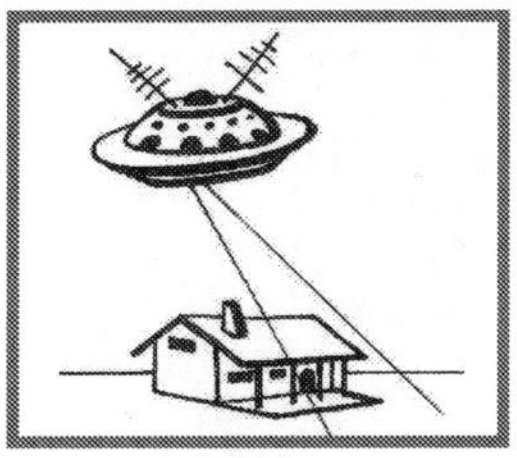

g.

h.

i.

j.

k.

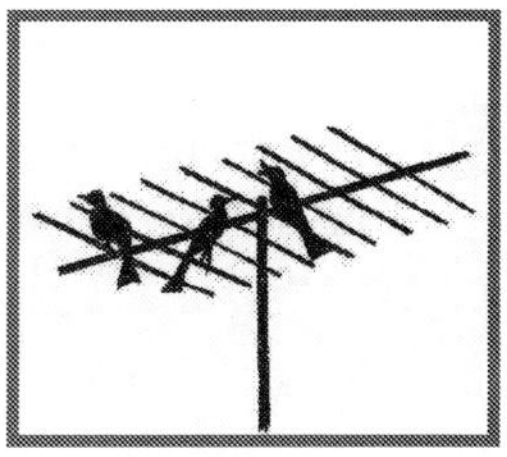

l.

a. ....

b. ....

c. ....

d. ....

e. ....

f. ....

g. ....

h. ....

i. ....

j. ....

k. ....

l. ....

12 - HAVE GOT
Comment ça marche ?

Have got appartient à un registre de langue familier de l'anglais britannique. Cette forme verbale se construit avec l'auxiliaire **have** (qui renvoie au moment où l'on parle, voir p. 16) et **got** (participe passé irrégulier du verbe **get** qui renvoie au passé).

Get signifie « obtenir », « recevoir ». De ce fait, **have got** contient l'idée que ce que l'on a, ce que l'on possède **en ce moment** est quelque chose que l'on a « obtenu », « reçu » **dans le passé**.

Cette **relation « passé/présent »** nous permet de considérer **have got** comme une forme « figée » de present perfect (voir p. 70).

- À la **forme affirmative pleine**, l'auxiliaire **have (has** avec **he/she/it)** se trouve entre le sujet et **got** : I/you/we/they **have** got a car, he/she/it **has** got a big head.

- À la **forme affirmative contractée**, on enlève le « **h** » et le « **a** » de **have** et de **has** :

I	've	got
You	've	got
He/she/it	's	got
We	've	got
They	've	got

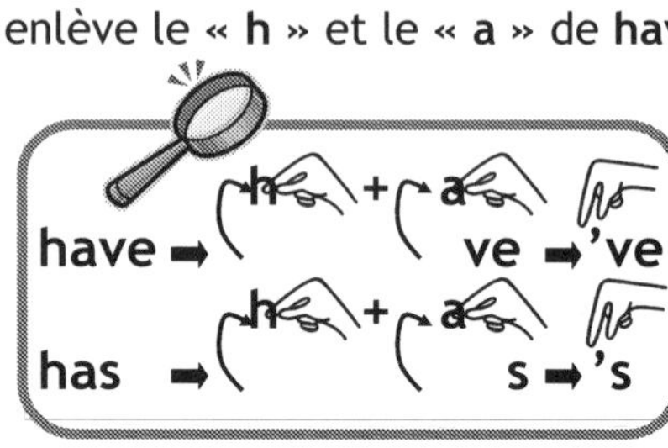

- À la **forme négative pleine**, l'auxiliaire **have (has** avec **he/she/it)** précède la forme pleine de la négation **(not)** : I **have not** got any friends, he **has not** got any money.

- À la **forme négative contractée**, on « colle » la forme contractée de **not (n't)** sur l'auxiliaire **have (has** avec **he/she/it)** :

I	haven't	got
You	haven't	got
He/she/it	hasn't	got
We	haven't	got
They	haven't	got

- À la **forme interrogative**, l'auxiliaire **have** (**has** avec **he/she/it)** se place **devant le sujet** pour **marquer l'interrogation** :

Have	I	got?
Have	you	got?
Has	he/she/it	got?
Have	we	got?
Have	they	got?

- Dans les **réponses courtes** (pour répondre par « **oui** » ou par « **non** »), il suffit de reprendre l'auxiliaire **have (has** avec **he/she/it)** à la forme affirmative ou négative, précédé du pronom personnel adéquat :

  - **Have** you got a pet? Yes, I **have** (***oui***) / No, I **haven't** (***non***).
  - **Has** he got a girlfriend? Yes, he **has** (***oui***) / No, he **hasn't** (***non***).

Exercices

1. Réécrivez les phrases à la forme affirmative pleine :

a. He's got a temperature. ....

b. They've got a bookshop. ....

c. She's got a boyfriend. ....

d. They've got two children. ....

2. Réécrivez les phrases à la forme négative contractée :

a. I have not got any friends. ....

b. She has not got any money. ....

c. They have not got any pets. ....

d. That creature has not got eyes. ....

3. Réécrivez les phrases à la forme interrogative :

a. You've got a job. ....

b. They've got a big house. ....

c. She's got an idea. ....

d. He's got a swimming pool. ....

4. Écrivez les questions correspondant aux réponses :

a. ....? Yes, I've got two brothers.

b. ....? No, I don't like pets.

c. ....? Yes, I love reading.

d. ....? No, she is a single woman.

5. Faites des réponses courtes :

a. Have you got a motor scooter? ....

b. Have you got video games? ....

c. Have you got a mobile phone? ....

d. Has your best friend got a computer? ....

6. Imaginez les questions qui ont pu provoquer ces réponses courtes :

a. ....? Yes, I have.

b. ....? Yes, they have.

c. ....? No, she hasn't.

d. ....? No, I haven't.

13 - HAVE GOT
À quoi ça sert ?

En anglais britannique, on utilise **have got** pour parler de l'univers d'une personne, de **ceux qui l'entourent et de ce qui l'entoure** [famille et proches **(1)**, objets **(2)**] ou de **ce qui l'affecte** [maladies **(3)**]. Dans ces emplois, **have got** est traduit par *avoir* **(1+3)** ou *posséder* **(2)** :

(*J'**ai** une sœur.*)

(*Je **possède** une voiture.*)

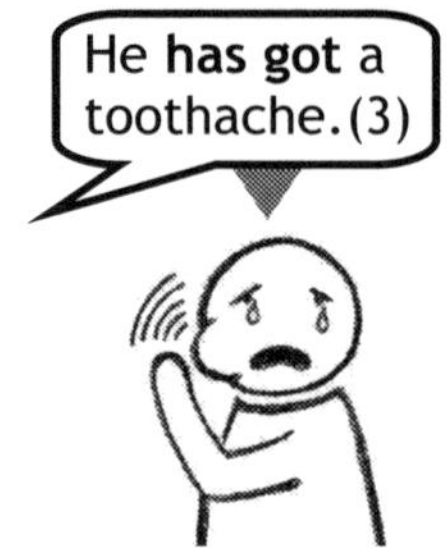

(*Il **a** une rage de dents.*)

On utilise aussi **have got** pour **décrire** une personne, un animal :

(*Il **a** des lunettes.*)

(*Elle **a** les cheveux longs.*)

(*Elle **a** un long cou.*)

À savoir ⏩ En anglais américain, on préfère **have** à **have got**. Dans ce cas, **have** est un verbe lexical à part entière qui doit être accompagné de l'auxiliaire **do** aux formes négative et interrogative (voir p. 54) :

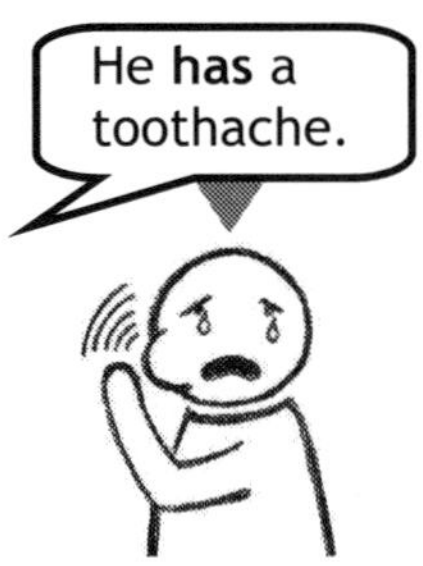

(*Il **a** une rage de dents.*)

(*Elle **n'a pas** les cheveux longs.*)

(***Avez-vous** une voiture ?*)

À savoir ⏩ Dans certaines expressions, **have** renvoie à une **activité** (très souvent rendue en français par le verbe *prendre)*. Dans cet emploi, il est donc possible de conjuguer **have** au présent en be-ing. Voici quelques exemples :

- He **is having** a shower. (*Il **prend** une douche.*)
- He **is having** a drink. (*Il **prend** un verre.*)
- They **are having** breakfast. (*Ils **prennent** leur petit déjeuner.*)
- He **is having** a rest. (*Il **se repose**.*)

Exercices

1. Faites des phrases pour parler de l'univers de Margaret :

computer - boyfriend - dog - car - guitar - house

a. ....

b. ....

c. ....

d. ....

e. ....

f. ....

2. Faites des phrases pour parler des petits problèmes des personnages :

a cold - a temperature - a headache

a. ....

b. ....

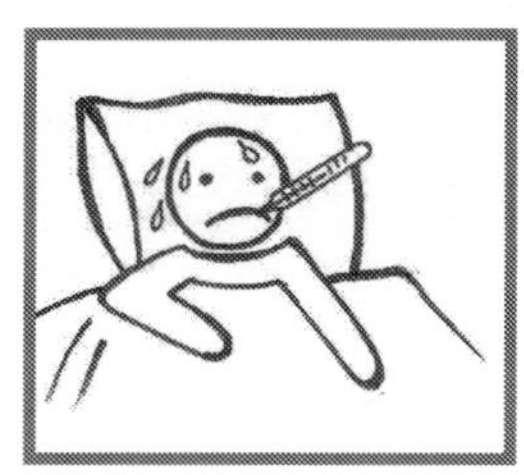

c. ....

3. Décrivez les personnages :

long hair - feelers - pointed hat

a. ....

b. ....

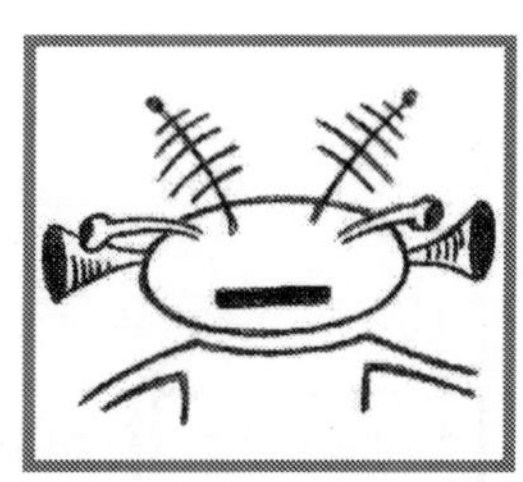

c. ....

14 - L'adjectif qualificatif
Ses caractéristiques, l'adjectif épithète

L'adjectif qualificatif est un mot qui contient une **information** (taille, âge, forme, couleur, origine, etc.) dont la cible est un nom représentant une personne, un animal ou une chose. **Il est donc incontournable pour faire des descriptions** :

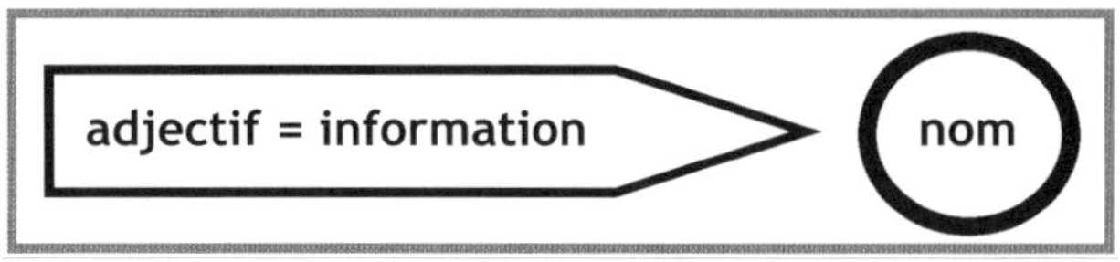

En anglais, **l'adjectif est invariable en genre** (masculin, féminin) **et en nombre** (singulier, pluriel) :

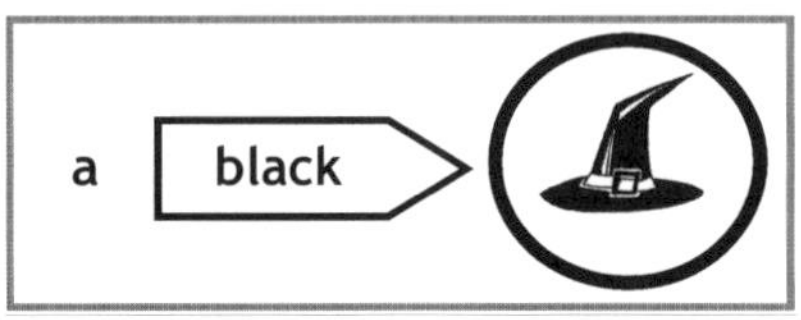

(*un* *chapeau* ***noir***)

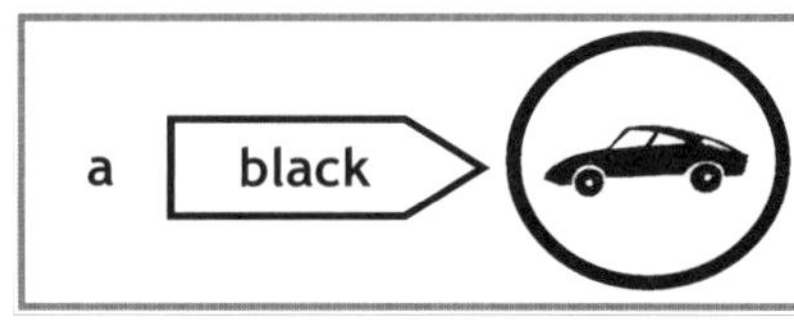

(***une*** *voiture* ***noire***.)

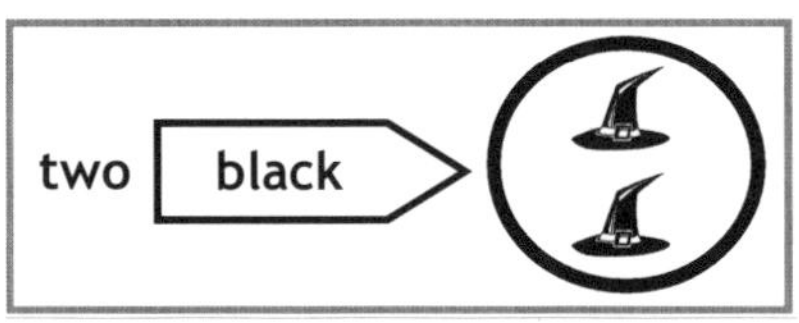

(***deux*** *chapeaux* ***noirs***)

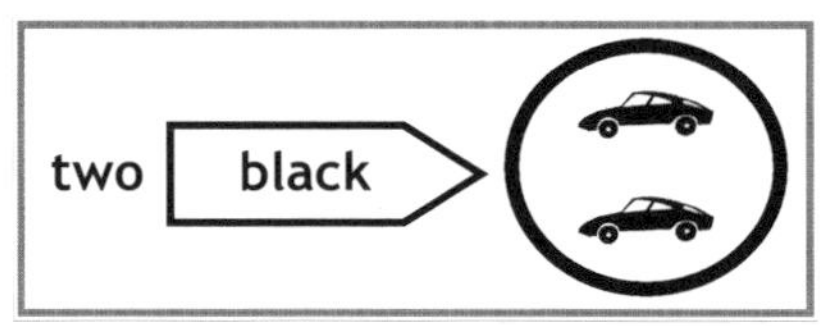

(***deux*** *voitures* ***noires***.)

Lorsqu'il est **épithète**, c'est-à-dire simplement « ajouté au nom », l'adjectif est **toujours devant le nom** :

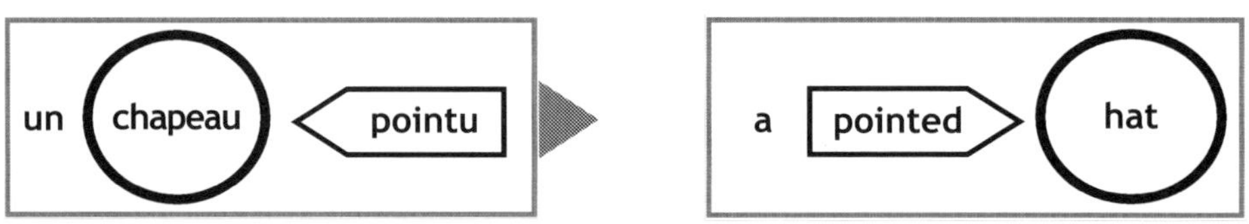

À savoir ⏩ En anglais, il est possible de fabriquer un adjectif à partir d'éléments tels qu'une **particule** (**yes-no** questions / *questions* ***fermées***), un **nom commun** (**coffee** cup / *tasse* ***à café***, **beer** glass /*verre* ***à bière***), un **pronom personnel** (a **he**-bear / *un ours* ***mâle***) ou même une **lettre de l'alphabet** [a **U** film (U est l'abréviation de "universal") / *un film* ***pour tous publics***]. À l'image de l'adjectif épithète, ces mots (ou lettres) sont alors invariables et placés devant le nom.

Lorsqu'il y a plusieurs adjectifs, ils sont placés dans un ordre précis par rapport au nom :

1. matériau 2. origine 3. couleur 4. âge 5. taille 6. jugement :

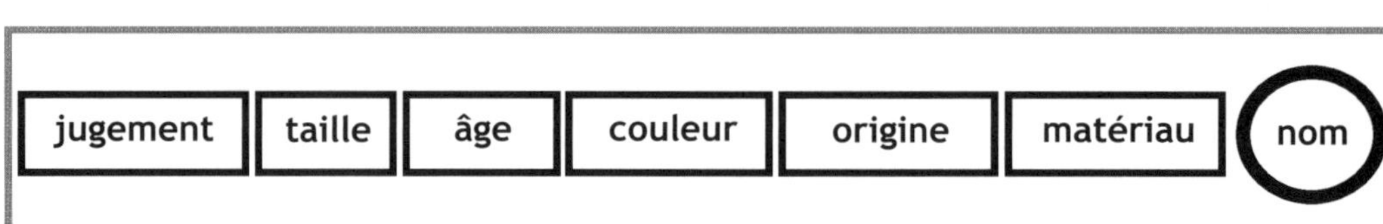

- Plus l'information véhiculée par l'adjectif est subjective (beautiful, ugly, clever, stupid, strange, etc.), plus l'adjectif est éloigné du nom.

Exercices

1. Réécrivez les phrases en mettant les mots en italique au pluriel :

a. I have got *a white shirt*. ....

b. She has got *a nice dress*. ....

c. He has got *a funny tie*. ....

d. We have got *a good teacher*. ....

2. Réécrivez les phrases avec des adjectifs épithètes :

a. Jane's hair is short. ....

b. My neighbour's dog is old. ....

c. Tom's car is black. ....

d. My house is big. ....

3. Écrivez les adjectifs dans les flèches puis complétez les phrases avec le verbe, les adjectifs et les noms adéquats :

Adjectifs : curved - magic - heavy - wooden - small - long
Noms : horn - leg - armour - wand - hat - tail

a. A buffalo ....

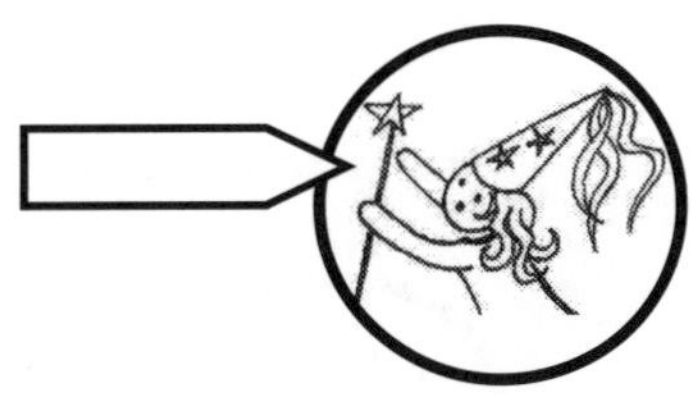

b. A fairy ....

c. The pirate ....

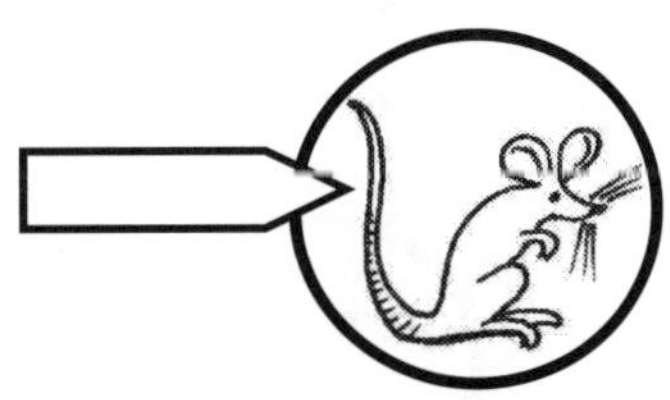

d. A mouse ....

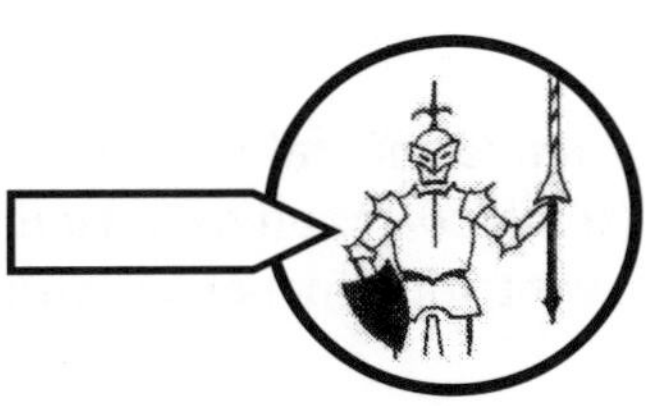

e. The knight ....

f. The clown ....

15 - L'adjectif qualificatif
L'ordre des adjectifs, l'adjectif attribut

Exemple :

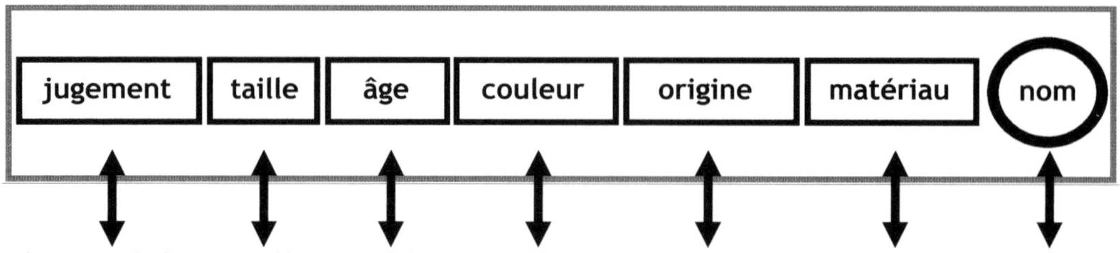

A beautiful small old yellow English cardboard box.

(*une **jolie vieille petite** boîte **anglaise en carton jaune***)

On parle d'**adjectif attribut** lorsqu'on « attribue » une caractéristique ou une propriété à une personne, un animal ou un objet.

L'adjectif attribut n'est pas simplement ajouté au nom. Il est connecté à ce dernier par des verbes tels que **be** (*être*), **look**, **seem** (*sembler, avoir l'air*), **get** (*devenir*), **feel** (*se sentir*). C'est donc au sujet (la sorcière, l'enfant, etc.) de l'un de ces verbes que l'on « attribue », « associe » telle ou telle propriété :

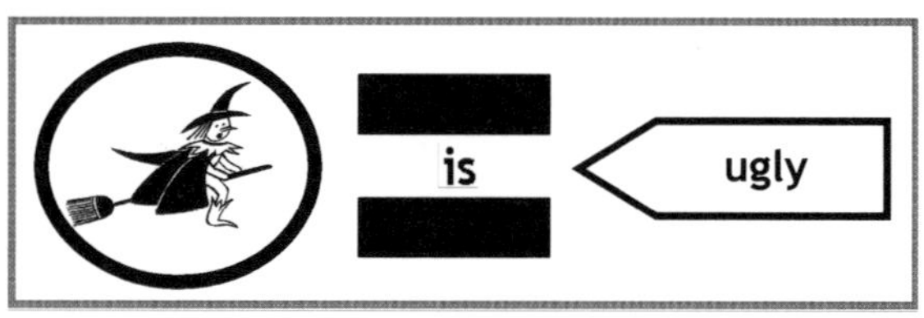

The witch is ugly. (*La sorcière est laide.*)

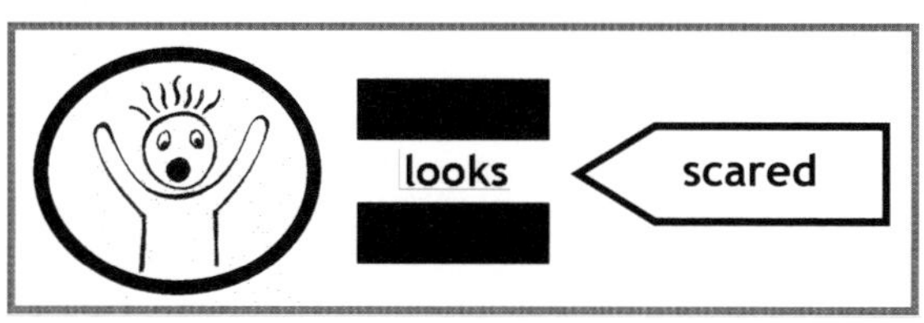

He looks scared. (*Il a l'air effrayé.*)

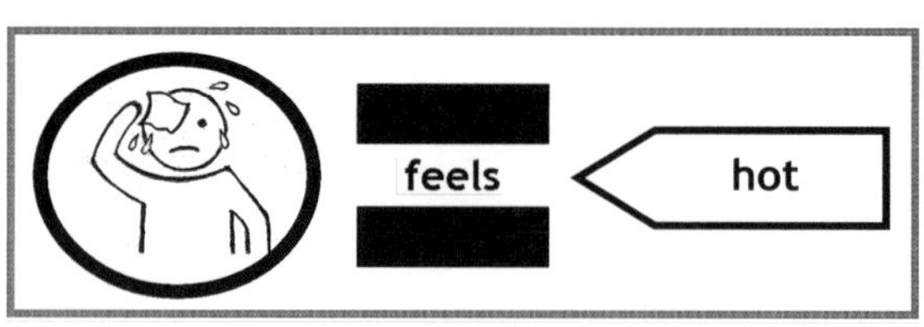

He feels hot. (*Il a chaud.*)

À savoir Des adjectifs tels que **drunk** (*soûl*), **asleep** (*endormi*), **alone** (*seul*), **afraid** (*effrayé*), **ill** (*malade, souffrant*), **glad** (*content*), **alike** (*semblable*), **alive** (*vivant*), **cross** (*en colère*), **sorry** (*désolé*), et **aware** (*conscient*) ne peuvent fonctionner qu'en position attribut.

En revanche, les adjectifs **angry** (*en colère*), **sick** (*malade*) ou **happy** (*heureux*) peuvent fonctionner aussi bien en position attribut qu'en position épithète.

Exercices

1. À partir des mots proposés, faites des phrases en plaçant les adjectifs dans le bon ordre :

a. a / car / black / German / big / comfortable / . /

....

b. a / bottle / old / small / nice /. /

....

c. a / desk lamp / opalin / green / beautiful /. /

....

d. a / cottage / English /old / romantic /. /

....

2. Écrivez les adjectifs dans les flèches puis complétez les phrases avec les adjectifs et le verbe adéquats :

invisible - frightening - clumsy - lucky - ill - dry

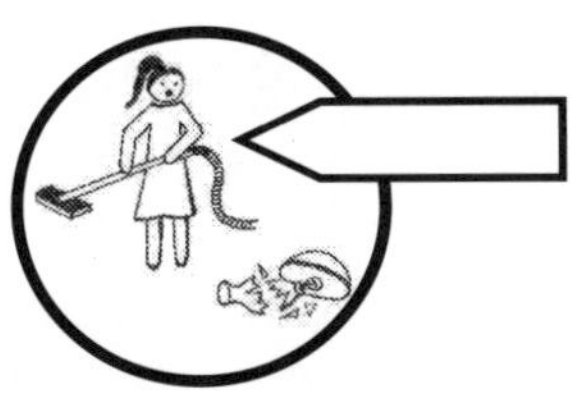

a. The housemaid ....

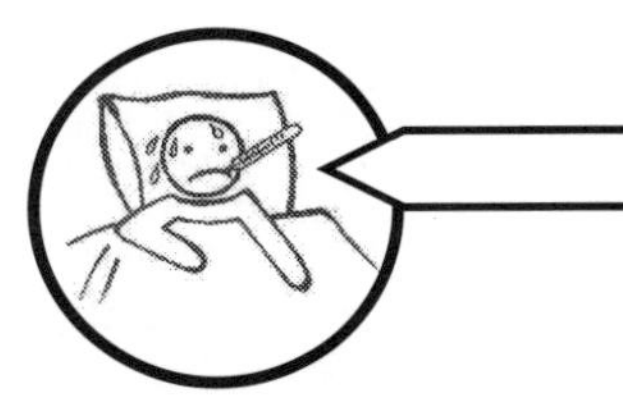

b. He ....

c. He ....

d. He ....

e. She ....

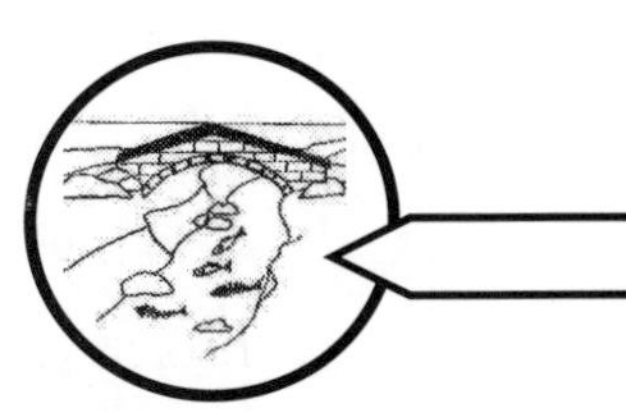

f. The riverbed ....

Séquence de révision n° 2

1. **Écrivez deux phrases dans chaque bulle pour parler des personnages. Faites une phrase avec HAVE ou HAS GOT et une phrase avec une des formes conjuguées de BE. Chaque phrase doit comporter un ou plusieurs adjectifs :**

Noms : arm - stick - cottage
Adjectifs : brawny - strong - white - blind - walking - old - lovely - happy

a. ....
b. ....

c. ....
d. ....

e. ....
f. ....

g. ....
h. ....

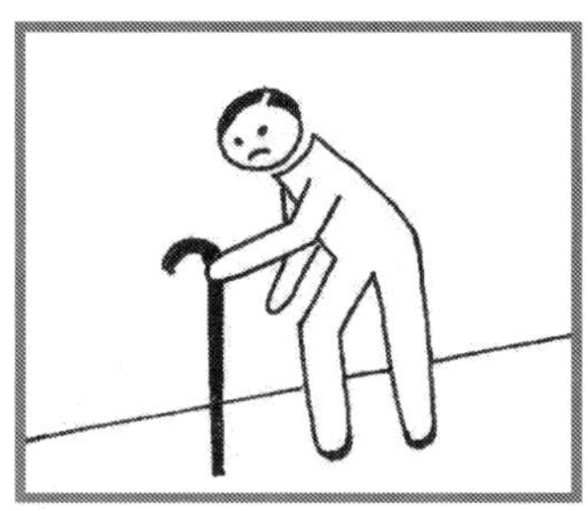

score ..../8

2. **Complétez les phrases avec BE conjugué ou HAVE/HAS GOT :**

a. How old .... you?

b. I .... fifteen years old.

c. .... you .... any brothers and sisters?

d. I .... a fifteen-year-old sister.

e. I can't go to work today. I .... ill. I .... a temperature.

score ..../6

Séquence de révision n°2

Vous venez d'atterrir à New York, aux États-Unis. Vous êtes à la douane. À partir des dessins, faites des phrases pour parler au douanier de ce qu'il y a dans votre valise :

pair of socks – tie – toothbrush – book – camera

score ..../5

16 - Les pronoms personnels sujets
I, YOU, HE

Les pronoms personnels sujets sont des mots qui se placent devant le verbe lexical (ou l'auxiliaire) et qui remplacent un nom de personne, d'animal ou de chose.

Le pronom personnel sujet **I** (qui s'écrit toujours avec une majuscule) est traduit par *je* ou *j'* :

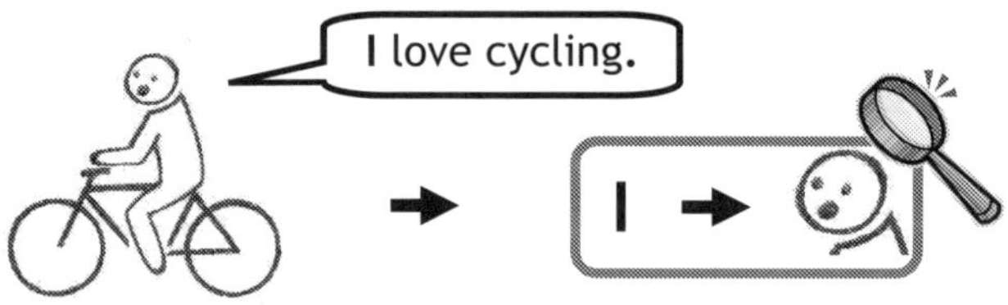

(*J'adore faire du vélo.*)

Le pronom personnel **you** peut renvoyer à une ou plusieurs personnes. Il est donc traduit par *tu* ou *vous*. Quand on s'adresse à une seule personne, on utilise **you** aussi bien pour parler au président des États-Unis (**you** aura alors la valeur de *vous*) que pour parler à un copain (**you** aura alors la valeur de *tu*) :

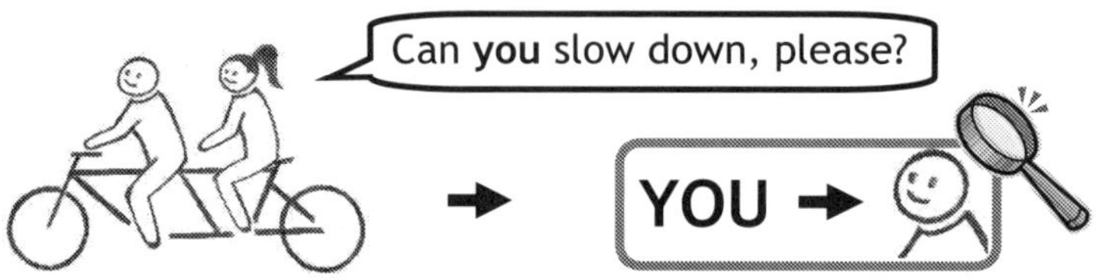

(*Peux-**tu** ralentir, s'il te plaît ?*)

(*Pouvez-**vous** ralentir, s'il vous plaît ?*)

À savoir ⏩ On peut trouver **you** devant un nom : "**You liar!**" (***Espèce de** menteur !*) Dans cet emploi, **you** est accentué (mise en relief).

À la troisième personne du singulier, **he** (traduit par *il*) renvoie à un individu de sexe masculin :

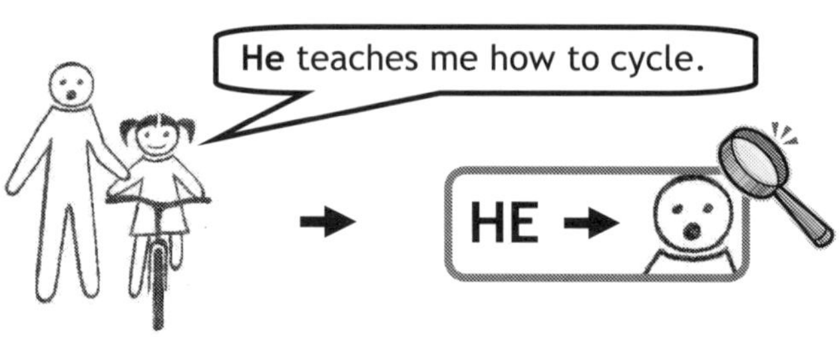

(*Il m'apprend à faire du vélo.*)

À savoir ⏩ **He** peut être utilisé pour désigner un animal domestique. Il n'est pas rare de le trouver avec un emploi de nom ou d'adjectif avec le sens de « mâle » (**It's a he** / *c'est un garçon*, **a he-goat** / *un bouc*, **a he-bear** / *un ours*, **a he-man** / *un macho*).

On s'en sert également pour introduire le métier de quelqu'un (**he is a doctor** /*il est docteur, c'est un docteur*).

Exercices

1. Écrivez les pronoms personnels sujets I, YOU et HE dans les bulles :

2. Complétez les phrases avec les pronoms personnels sujets I, YOU ou HE en fonction du contexte :

a. Helen, what are .... doing?

b. Can .... have some butter, please?

c. Can .... give me some butter, please?

d. What is Mike doing? Is.......... doing his homework?

e. Wake up! .... are going to be late!

3. Reliez chaque expression anglaise à son équivalent français :

- No, I'll do it ▪
- He and I ▪
- It is he ▪
- You and yours ▪
- You darling! ▪
- If I were he ▪
- He who can ▪
- He didn't do it ▪
- I'll see you soon ▪
- There you go! ▪

- ▪ On se voit bientôt
- ▪ Celui qui peut
- ▪ Ce n'est pas lui qui a fait ça
- ▪ Voilà !
- ▪ C'est lui
- ▪ Non, c'est moi qui vais le faire
- ▪ Lui et moi
- ▪ Toi et les tiens
- ▪ Tu es un amour !
- ▪ Si j'étais lui

17 - Les pronoms personnels sujets
SHE, IT, WE, THEY

Le pronom personnel **she** (traduit par *elle*) renvoie à un individu de sexe féminin :

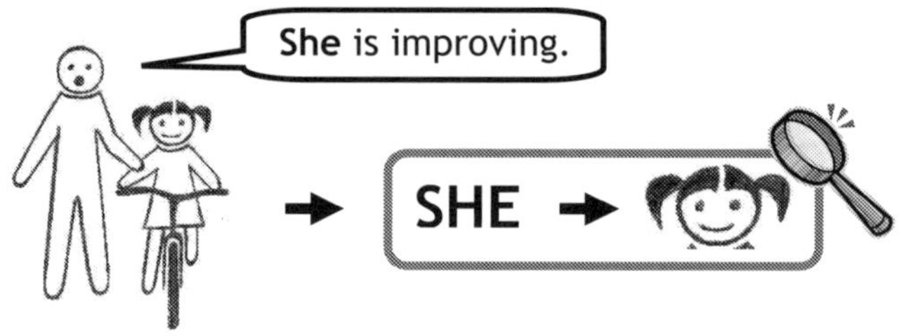

(*Elle fait des progrès.*)

À savoir ⏩ **She** est aussi utilisé pour désigner un animal domestique. **She** peut même renvoyer à un navire ou à un pays (on parle alors de personnification).

On peut le trouver avec un emploi de nom ou d'adjectif avec le sens de « femelle » (**It's a she** / *c'est une fille*, **a she-bear** / *une ourse*, **a she-goat** / *une chèvre*).

Le pronom personnel **it** (traduit par *il* ou *elle*) renvoie à tout ce qui n'est pas perçu comme une personne (objet, animal, chose). Il est neutre :

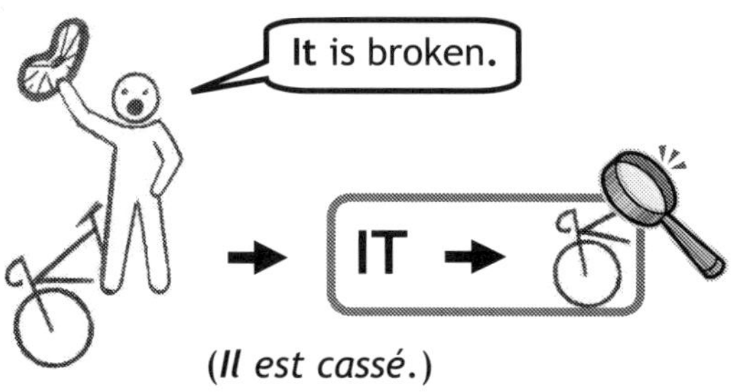

(*Il est cassé.*)

À savoir ⏩ On l'utilise également pour introduire un verbe de sens impersonnel (**it's raining** / *il pleut*) ou une tournure impersonnelle (**it's a pity** / *c'est dommage*).

We, traduit par *nous*, renvoie à celui qui parle ainsi qu'à la ou aux personnes qui l'accompagnent :

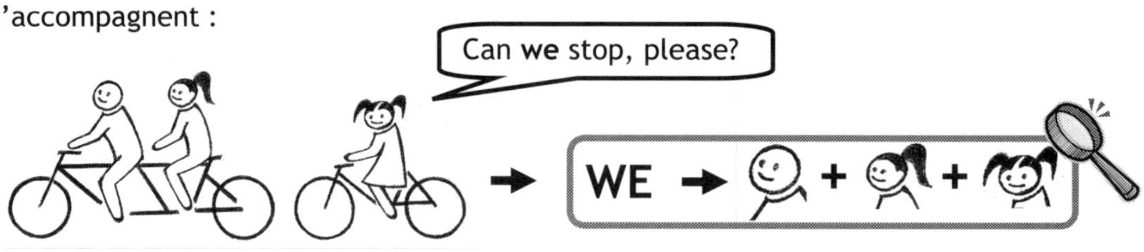

(*Pouvons-**nous** faire un arrêt, s'il vous plaît ?*)

They (traduit par *ils* ou *elles*) renvoie à tout ce qui existe (hommes, femmes, enfants, animaux, choses, etc.) :

(***Ils** vont trop vite !*)

Exercices

1. Écrivez les pronoms personnels sujets THEY, IT, SHE et WE dans les bulles :

2. Complétez les phrases avec les pronoms personnels sujets SHE, IT, WE ou THEY en fonction du contexte :

a. Have you seen Helen? What is .... doing?

b. I have never seen that before! What is ....?

c. You and I have been fired. What are .... going to do?

d. I love Tom and Cathy. .... are very nice.

3. Reliez chaque expression anglaise à son équivalent français :

It is she ▪	▪ Si j'étais elle
That's it! ▪	▪ Continuez !
We French ▪	▪ La voici !
There they are ▪	▪ Comment ça s'est passé ?
She is a fine car ▪	▪ Mégère
How was it? ▪	▪ Les voilà !
She-cat ▪	▪ C'est elle
If I were she ▪	▪ Nous autres Français
Keep at it! ▪	▪ Tout à fait !
Here she is! ▪	▪ C'est une belle voiture

18 - Le génitif
Comment ça marche ?

Aussi appelé « génitif saxon » en raison de ses origines germaniques, le génitif apparaît sous la forme d'un **'S** (généralement traduit par *de*, *du*, *d'*, *de la*, *des* en français) qui sert de **lien entre deux éléments : l'élément de gauche** (Tom), trop souvent réduit à la notion de « possesseur » et **l'élément de droite** (dog), trop souvent réduit à la notion de « possédé ».

- La **construction du génitif** est facile à mémoriser étant donné qu'elle se caractérise par une « **inversion des termes** » **par rapport au français** :

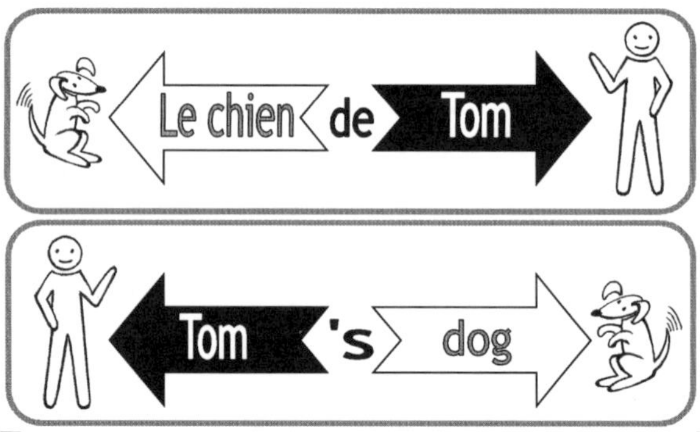

- Lorsque l'élément de gauche est un nom commun qui se termine par le **S** du pluriel, on fusionne la marque du pluriel **(S)** avec celle du génitif **('S)**. L'apostrophe s'en trouve décalée vers la droite :

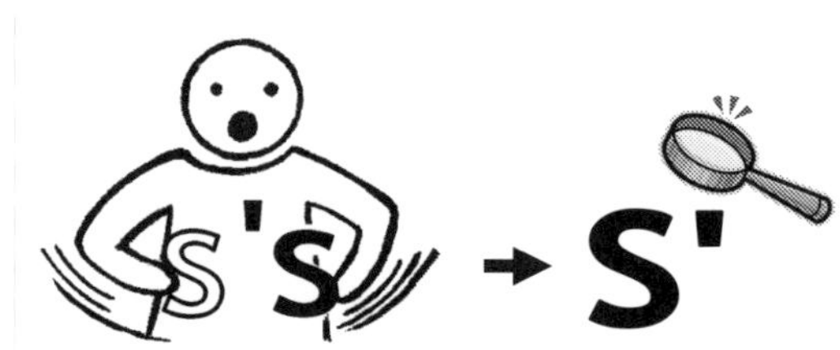

<u>Exemple</u> : **My neighbours' dog.** (*Le chien de mes voisins.*)

- Lorsque l'élément de gauche est un nom (propre ou commun) qui se termine par la « simple » lettre **S** (Jame**s**, Charle**s**, actre**ss**, prince**ss**, etc.), il n'est normalement pas possible de procéder à la fusion des deux **S** :

<u>Exemple</u> : **James's** [IZ] **car.** (*La voiture de James.*)

- Pour demander à quelqu'un « **à qui** » appartient un objet ou « **à qui** » appartiennent plusieurs objets, on utilise le mot interrogatif **whose** et on applique les modèles ci-dessous :

Whose  **is it?**
Whose cap is it? It is John's.

(*À **qui** est cette casquette ?*
C'est celle de John.)

Whose  **are they?**
Whose shoes are they? They are Kate's.

(*À **qui** sont ces chaussures ?*
Ce sont celles de Kate.)

Exercices

1. Faites des questions pour savoir à qui appartiennent les objets et répondez :

the Native American - the woman - the Inuit - the butcher - the man - the boy - bow - glasses - knife

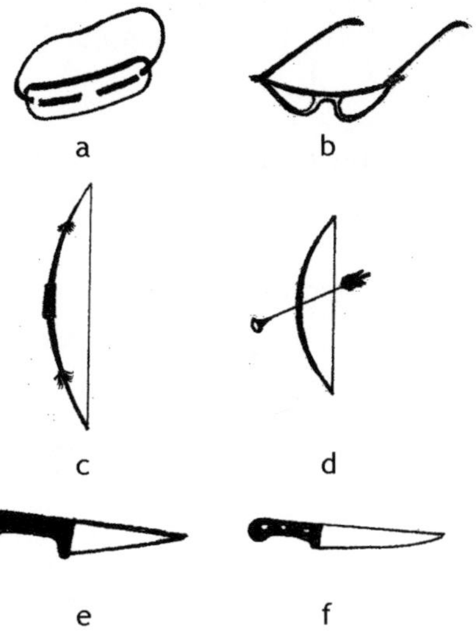

a. .... ? ....

b. .... ? ....

c. .... ? ....

d. .... ? ....

e. .... ? ....

f. .... ? ....

2. Toujours à partir des dessins de l'exercice 1, retrouvez les questions à l'origine des réponses ci-dessous :

a. ....? No, it isn't. It's the Native American's bow.

b. ....? No, they aren't. They are the Inuit's glasses.

c. ....? No, it isn't. It's the boy's bow.

d. ....? No, it isn't. It's the butcher's knife.

3. Remettez les mots dans le bon ordre :

a. /'s/'s/mother/what/name/your/?/ ....

b. /is/wallet/it/whose/?/ ....

c. /neighbours/my/car/'/red/is/./ ....

d. /is/job/'s/what/James/?/ ....

e. /'s/going/'s/he/dentist/the/to/./ ....

19 - Le génitif
À quoi ça sert ?

On peut employer le génitif (anciennement appelé « cas possessif ») pour exprimer une **relation d'appartenance entre deux éléments** (on parle alors de génitif spécifique). Dans ce type d'emploi, **l'élément de gauche peut être une personne, un animal, une ville ou un pays** :

- Tom**'s** dog (*le chien* ***de*** *Tom*), the dog**'s** collar (*le collier* ***du*** *chien*), London**'s** shopping streets (*les rues commerçantes* ***de*** *Londres*), Scotland**'s** first settlers (*les premiers habitants* ***d'****Écosse*).

L'élément de gauche peut **renvoyer à un lieu (privé ou public) clairement identifié.** On sous-entend alors l'élément de droite comme dans l'expression « *at the butcher****'s*** » (***chez*** *le boucher*) où « *shop* » est absent.

Dans les exemples ci-dessous, on ne mentionne pas « *cathedral* » et « *house* » :

I visited St Paul's .
(*J'ai visité St Paul.*)

I'm staying at my grandparents' .
(*J'habite chez mes grands-parents.*)

L'élément de gauche peut servir à **situer l'élément de droite dans le temps :**

Sunday's paper. (*Le journal de [ce] dimanche.*)

L'élément de gauche peut servir à **indiquer une mesure (durée ou distance) qui concerne l'élément de droite :**

It's a three hours' walk to the village. (*Le village est à trois heures de marche.*)

L'élément de gauche peut **renvoyer à une catégorie à laquelle appartient l'élément de droite** (on parle alors de génitif générique) :

a man's hat
(*un chapeau d'homme*)

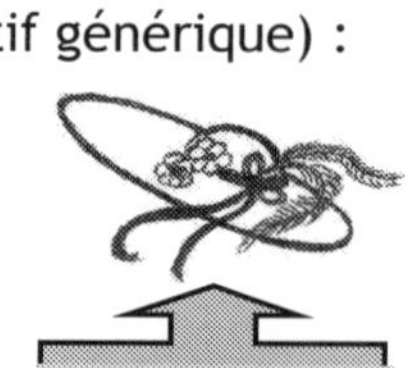

a woman's hat
(*un chapeau de femme*)

a witch's hat
(*un chapeau de sorcière*)

À savoir ▸▸ Dans l'expression « une tasse de café », on ne parle pas d'un type de tasse mais d'un **contenant** (une tasse qui contient une certaine quantité de café). Dans ce cas, on a recours à **OF** pour traduire « de » et l'ordre des mots est le même qu'en français : **a cup of coffee**. Voici d'autres exemples : **a glass of beer** (*un verre de bière*), **a bottle of wine** (*une bouteille de vin*), **a tin of food** (*une boîte de conserve*).

Exercices

1. **En français comme en anglais, les jours de la semaine ont un sens. Reliez les jours anglais aux explications et traductions correspondantes :**

Sunday ▪	▪ Thor's day / le jour de Thor
Monday ▪	▪ day of the sun / le jour du soleil
Tuesday ▪	▪ day of Saturn / le jour de Saturne
Wednesday ▪	▪ day of the moon / le jour de la lune
Thursday ▪	▪ Odin's day / le jour d'Odin
Friday ▪	▪ Tiu's day / le jour de Tiu
Saturday ▪	▪ day of Frigg / le jour de Freya

Écrivez les trois jours de la semaine anglais qui contiennent le S du génitif :

- ....
- ....
- ....

2. **Réécrivez les phrases avec le S du génitif :**
   a. Helen has got a blue dress.
   b. Charles has got a black car.
   c. The Native Americans had comfortable tepees.
   d. My friends have got a noisy dog.

3. **Complétez les phrases avec 's ou une simple apostrophe :**
   a. My neighbour .... dog is barking all the time!
   b. My neighbours .... dog is barking all the time!
   c. The princess .... jewels are very exepensive.
   d. Those children........ marks are very bad!

4. **Dans les phrases ci-dessous, certains 's n'ont rien à voir avec le génitif. Surlignez-les :**
   a. She's got a witch's hat.
   b. It's Sam's "Who's Who".
   c. He's playing the Devil's advocate.
   d. She's reading children's stories.
   e. Where's Mum? At the dentist's.

20 - Les adjectifs possessifs

Accord avec le possesseur, troisième personne du singulier

Les adjectifs possessifs français s'accordent en genre (masculin, féminin) et en nombre (singulier, pluriel) avec le nom qui représente ce qui « est possédé ».

Lorsqu'on sait que les adjectifs possessifs anglais sont en fait des génitifs appliqués aux pronoms personnels **(it ➡ its, he ➡ his)** , on comprend mieux pourquoi ils renvoient au possesseur (toujours à gauche au génitif) avec lequel ils s'accordent de façon plus visible à la troisième personne du singulier où le genre est marqué [**he** *(il)*, **she** *(elle)*, **it** *(il ou elle)*]. Cela explique aussi pourquoi un seul possessif anglais peut traduire plusieurs possessifs français :

mon, ma, mes ⇨ **my** - ton, ta, tes, votre, vos ⇨ **your** - leur, leurs ⇨ **their** - notre, nos ⇨ **our**

Le possesseur est un garçon, un homme ⇨ « son, sa, ses » est traduit par « **his** » :

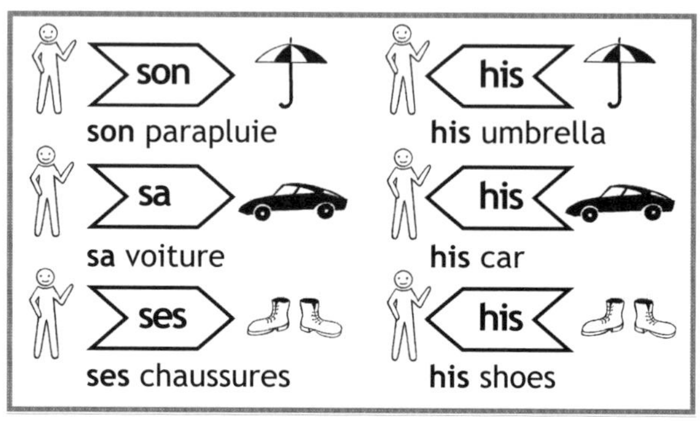

Le possesseur est une fille, une femme ⇨ « son, sa, ses » est traduit par « **her** » :

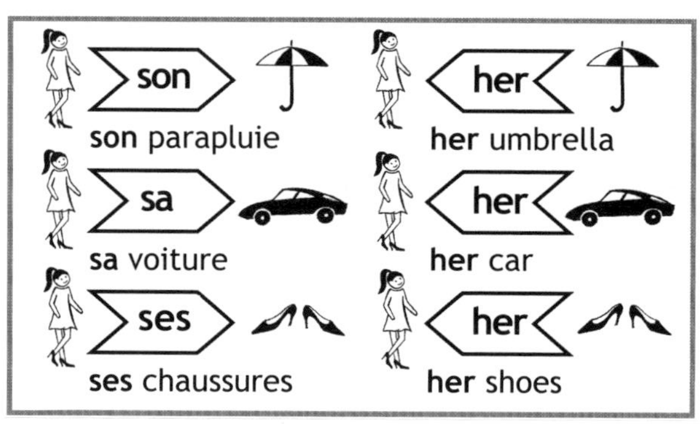

Le possesseur n'est pas humain ⇨ « son, sa, ses » est traduit par « **its** » :

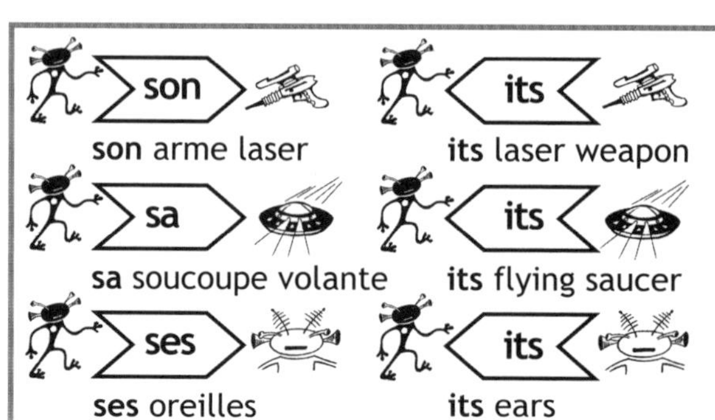

Exercices

Complétez les tableaux à l'aide des adjectifs possessifs (français et anglais) qui conviennent :

Tableau 1

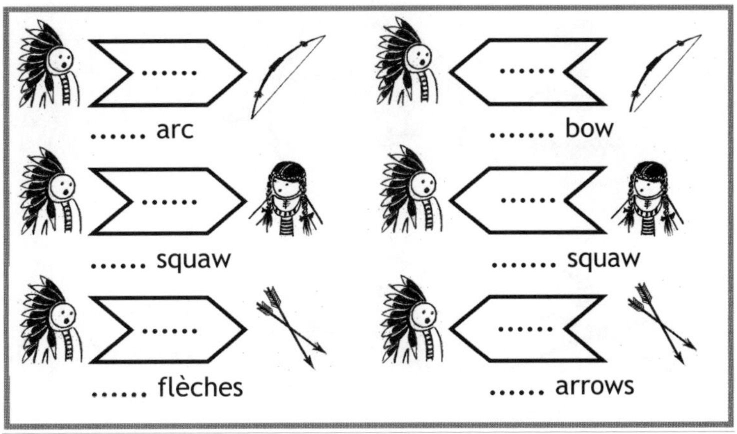

Tableau 2

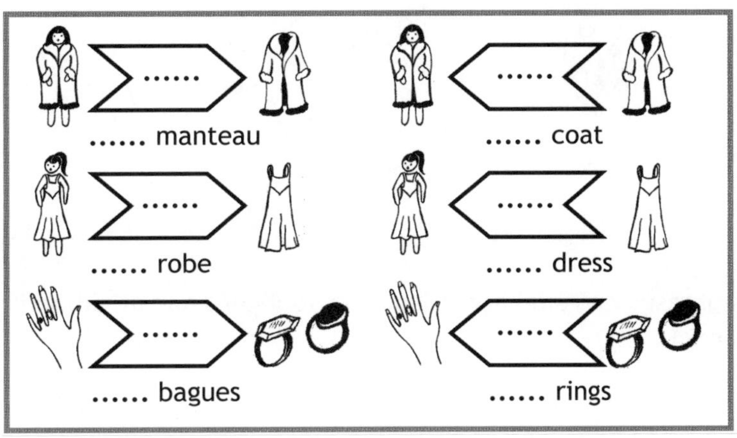

Tableau 3

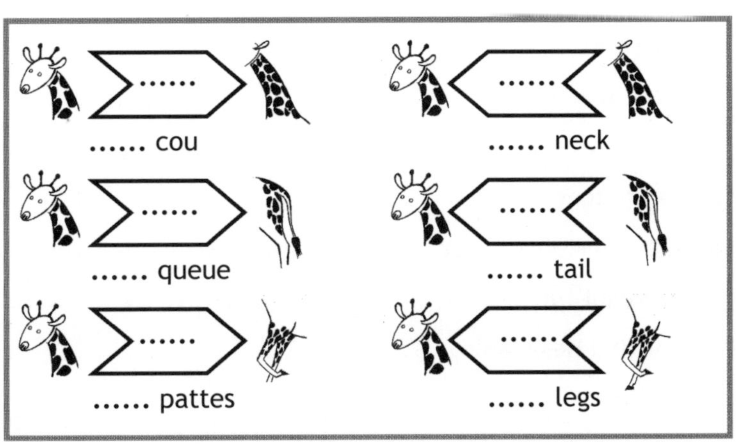

Séquence de révision n° 3

1. À partir des images, complétez chaque phrase à l'aide de l'adjectif possessif qui convient :

It is (a.) hat.

They are (b.) glasses.

They are (c.) legs.

score ..../3

2. Réécrivez les phrases en remplaçant les mots soulignés par un adjectif possessif ou un pronom personnel :

a. Kate's car is yellow. ....

b. I have got a green bike. ....

c. David's parents are nice. ....

d. Ann and I are married. ....

e. Anne and John are married. ....

f. The donkey's ears are long. ....

g. A donkey's ears are long. ....

h. You have got a comfortable house. ....

i. My desk lamp is beautiful. ....

j. I have got a beautiful desk lamp. ....

score .../10

Séquence de révision n° 3

3. Graham est américain. Peter est anglais. Ils vivent dans des mondes différents. En face de chaque dessin, écrivez une phrase faisant apparaître le propriétaire (anglais ou américain) de chaque objet :

house – car – letterbox – hat

a. ....

b. ....

c. ....

d. ....

e. ....

f. ....

g. ....

h. ....

score ..../8

4. Retrouvez les questions qui peuvent être à l'origine des réponses ci-dessous :

a. ....? It's my neighbours' dog.

b. ....? They are Kate's gloves.

c. ....? No, it isn't my wallet.

d. ....? It's Sam's.

e. ....? No, she is his sister.

f. ....? No, he is her brother.

g. ....? No, it's my father's.

h. ....? It is my dog's.

score ..../8

21 - Le présent simple

Comment ça marche ?

Avec le prétérit simple, le présent simple est **l'un des deux temps** de la grammaire anglaise. On reconnaît les temps anglais **(tenses)** à la présence des terminaisons **'s'** (**V+s** avec **he/she/it**) et **'ed'** (**V+ed** à toutes les personnes, voir p. 90) à la forme affirmative.

Voici comment se conjugue le présent simple avec le verbe **work** (*travailler ou fonctionner avec* ***it***).

À **la forme affirmative**, il se caractérise par une conjugaison « simple » étant donné que **la base verbale suffit** (sauf si celui qui parle désire insister sur le contenu de son message, voir p. 18) :

I	work
You	work
He/she/it	work**s**
We	work
They	work

➔

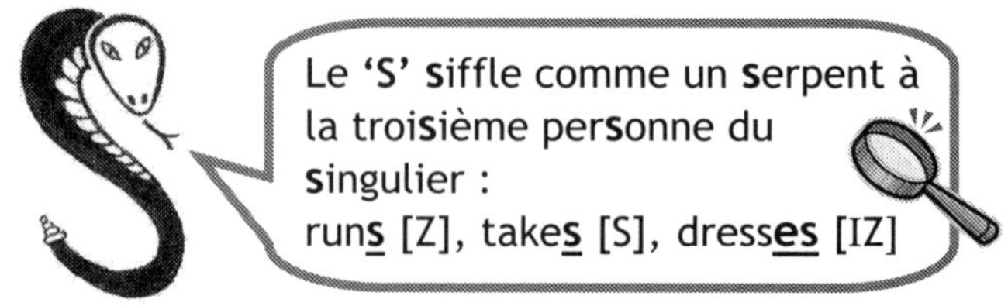

- Avec **he/she/it**, la base verbale se termine par un **'s'** (la marque du présent) qui est précédé d'un **'e'** avec les verbes en **ch, sh, s, x, o, z.**
- Cette terminaison en **'es'** est précédée d'un **'i'** avec les verbes dont le **'y'** final vient après une consonne : carry ➔carr**ies**.

À **la forme négative pleine**, l'auxiliaire **do (does** avec **he/she/it)** précède la forme pleine de la négation **(not)** : I/you/we/they **do not** work, he/she/it **does not** work.

À la **forme négative contractée**, on « colle » la forme contractée de **not (n't)** sur l'auxiliaire **do (does** avec **he/she/it)** :

I	don't	work
You	don't	work
He/she/it	doesn't	work
We	don't	work
They	don't	work

➔

À **la forme interrogative**, l'auxiliaire **do (does** avec **he/she/it)** se place **devant le sujet** pour **marquer l'interrogation** :

Do	I	work?
Do	you	work?
Does	he/she/it	work?
Do	we	work?
Do	they	work?

➔

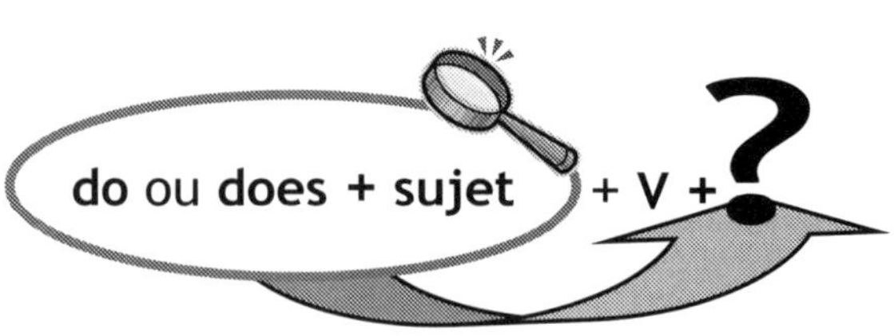

Dans les **réponses courtes** (pour répondre par « **oui** » ou par « **non** »), il suffit de reprendre l'auxiliaire **do (does** avec **he/she/it)** à la forme affirmative ou négative, précédé du pronom personnel adéquat :

- **Do** you speak English? Yes, I **do** (*oui*) / No, I **don't** (*non*).
- **Does** he play the piano? Yes, he **does** (*oui*) / No, he **doesn't** (*non*).

Exercices

1. Réécrivez les verbes à la troisième personne du singulier de la forme affirmative du présent simple :

a. buy ....
b. miss ....
c. mix ....
d. carry ....
e. play ....
f. finish ....

2. Réécrivez les phrases à la forme négative contractée du présent simple :

a. Cats like water. ....
b. Vegetarians eat meat. ....
c. A baby reads books. ....
d. The sun goes round the Earth. ....

3. Réécrivez les phrases à la forme interrogative du présent simple :

a. English pupils wear uniforms. ....?
b. You speak Chinese. ....?
c. Aliens live on Mars. ....?
d. You often watch TV. ....?

4. Écrivez les questions correspondant aux réponses suivantes :

a. ....? Yes, I like reading.
b. ....? Yes, she wears glasses.
c. ....? Yes, they live in Scotland.
d. ....? Yes, he plays the piano.

5. Faites des réponses courtes :

a. Do you like cooking? ....
b. Do you speak Chinese? ....
c. Do you travel a lot? ....
d. Do you have pets? ....

6. Imaginez les questions qui ont pu provoquer ces réponses courtes :

a. ....? Yes, I do.
b. ....? No, I don't.
c. ....? Yes, she does.
d. ....? No, he doesn't.

22 - Le présent simple (1/2)

À quoi ça sert ?

Avec le présent simple, le fait évoqué par celui qui parle est présenté comme une vérité en soi qui peut être **un loisir** (*il fait de la photo*), une **habitude** que l'on constate (*elle promène son chien tous les soirs*), un **goût** ou **un sentiment** (*Tom adore le chocolat*), une **généralité** (*les végétariens ne mangent pas de viande*), la **routine** (*je me lève tous les jours à huit heures*), un **programme officiel** qui indique le fonctionnement ou l'organisation de quelque chose (*les magasins ouvrent à 9 heures*), **le métier** exercé par une personne (*elle travaille dans une banque*).

On a donc affaire à des phrases dans lesquelles **le point de vue** de celui qui parle n'apparaît absolument pas et qui évoquent des **informations**, des **caractéristiques**, des **faits de base**, des **faits bruts**, c'est-à-dire des faits qui sont vérifiables dans chacune des trois parties qui constituent le temps chronologique **(time)** : le passé **(past)**, le présent **(now)** et le futur **(future)** :

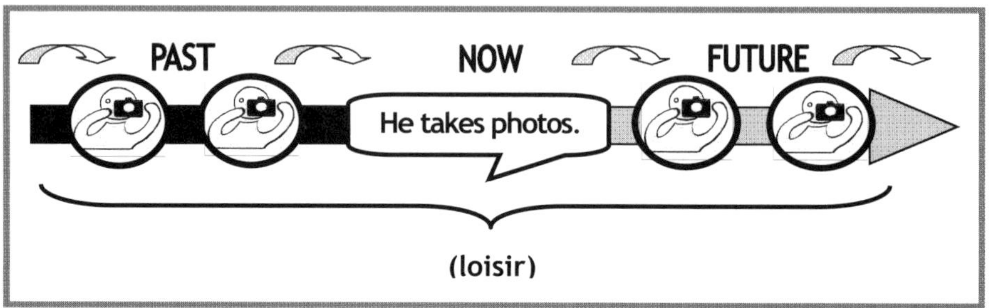

- She **walks** her dog every evening **(habitude que l'on constate).**
- Tom **loves** chocolate (**goût** ou sentiment).
- Vegetarians **don't eat** meat **(généralité).**
- I **get up** at 8 o'clock every day **(routine).**
- The shops **open** at 9 a.m **(programme officiel).**
- She **works** in a bank **(métier).**

Le présent simple peut aussi être utilisé pour exprimer un **événement en cours**, mais uniquement (là encore) dans des énoncés dépourvus de tout point de vue personnel. C'est donc ce présent et non le présent en be-ing que l'on trouve dans des phrases de la conversation courante (here **comes** our taxi / *ah, voici notre taxi*), dans les **indications scéniques** d'une pièce de théâtre (John **enters** and **sits** down / *John entre et s'assoit*) ou encore dans certains **reportages sportifs** (he **scores** / *il marque*).

On peut également le trouver dans la bouche d'un magicien en train de commenter un tour de magie ou dans celle d'un cuisinier en train de décomposer les étapes d'une recette de cuisine à la télévision :

(*Et maintenant, un lapin apparaît.*)

(*Et maintenant, je sale la sauce.*)

À savoir ⏩ Si vous dites à quelqu'un : "What **do we do now**?", il comprendra que vous souhaitez avoir des **informations** sur ce qui va avoir lieu (*Et maintenant, qu'est-ce qu'on fait ?*)

Exercices

Ces images illustrent la routine de Tom. En vous aidant du lexique, retrouvez les phrases qui correspondent aux images :

do one's homework - get up - leave for school - brush one's teeth - get dressed - have a shower - go to sleep - have breakfast - have dinner - watch TV

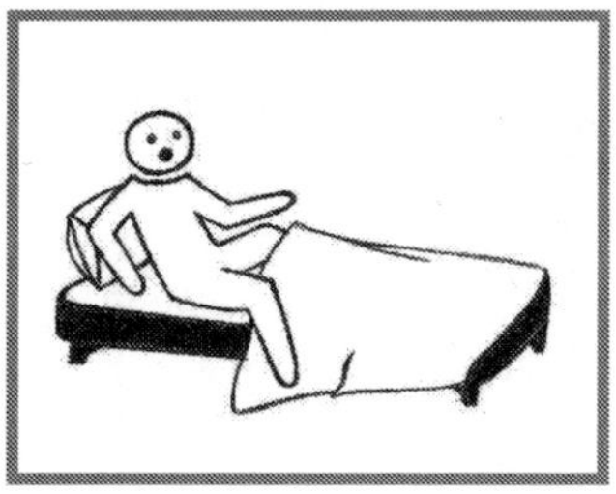

a. ....

b. ....

c. ....

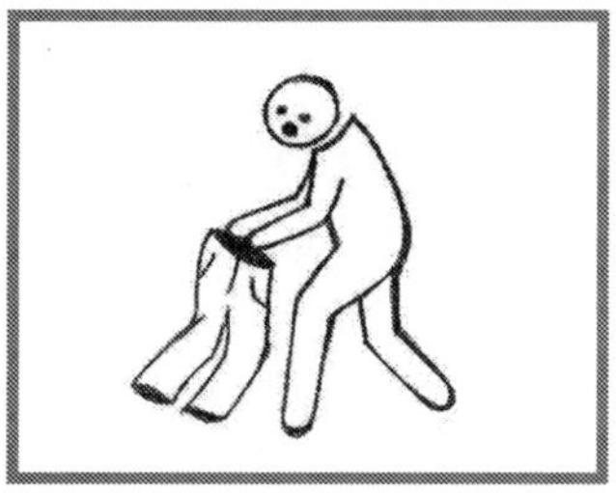

d. ....

e. ....

f. ....

g. ....

h. ....

i. ....

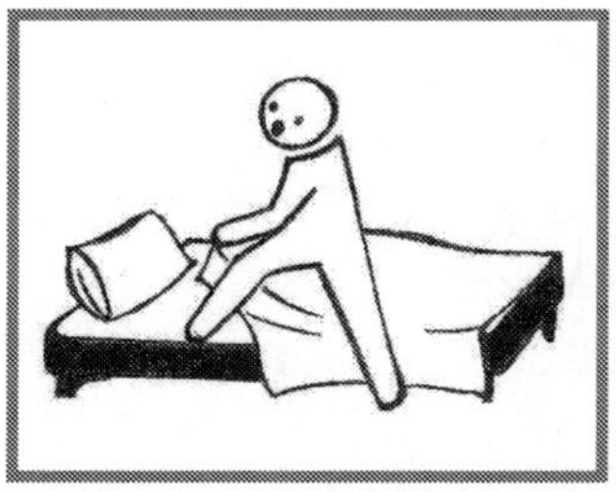

j. ....

22 - Le présent simple (2/2)

À quoi ça sert ?

Dans une phrase exprimant une **condition** (ou hypothèse) et notamment dans la partie de la phrase introduite par **if**, le présent simple est utilisé pour évoquer un **événement futur** qui sert de base ou de préalable à un autre événement futur :

Si (a) devient réalité, alors (b) deviendra réalité à son tour :

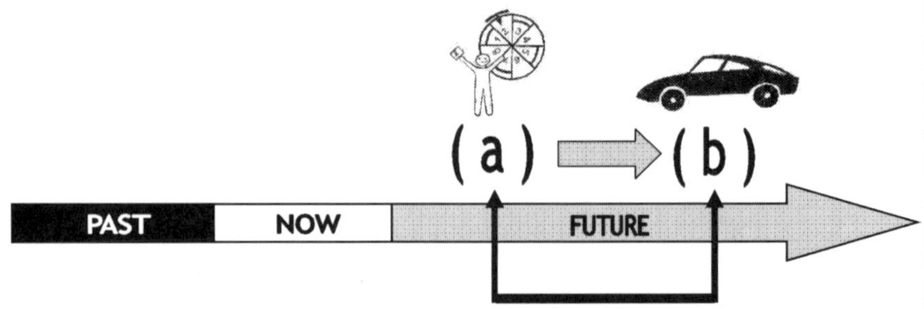

If I win on the lottery (a), I will buy a sports car (b).
[*Si je gagne à la loterie (a), j'achèterai une voiture de sport (b).*]

La partie de la phrase introduite par **if** peut se trouver en deuxième position :

- **Exemple n° 1** : "**I'll miss** the train **(b) if** I **don't hurry (a)**." [*Je vais rater mon train (b) si je ne me dépêche pas (a).*]
- **Exemple n° 2** : "I **won't cry (b)** if you **tell** me the truth **(a)**." [*Je ne pleurerai pas (b) si tu me dis la vérité (a).*]

À savoir ⏩ **Will** est un auxiliaire modal (dérivé d'un verbe qui signifie «vouloir») que l'on emploie en anglais pour renvoyer au futur. Mais attention, **le** futur anglais n'existe pas ! L'anglais dispose en effet de nombreux outils pour évoquer un événement futur (voir pp. 66, 86).
Will est toujours associé à une base verbale. Il est invariable. À la forme affirmative contractée, il s'écrit **'ll** (voir exemple n° 1). À la forme négative contractée, il s'écrit **won't** (voir exemple n° 2).

Le présent simple est souvent utilisé dans les gros titres **(headlines)** de la presse écrite pour évoquer des **faits (parfois subis par des personnes) qui font l'actualité :**

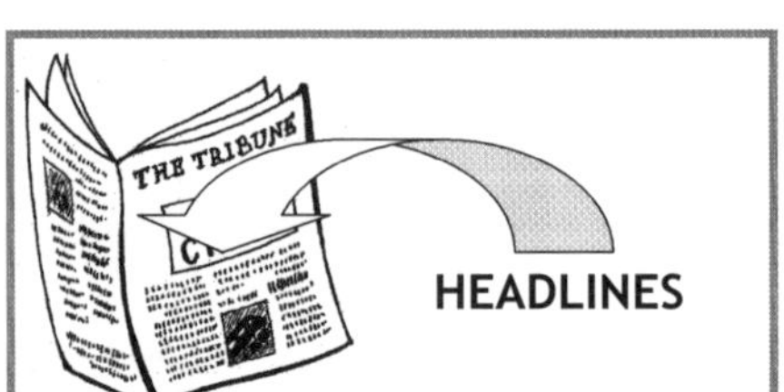

- **Twenty die in bus crash.** (*Vingt personnes tuées dans un accident de bus.*)
- **Journalist shoots shoe at American president.** (*Un journaliste agresse le président américain avec une chaussure.*)
- **Black president enters White House.** (*Un président noir entre à la Maison Blanche.*)

Exercices

1. Reliez les trois groupes de mots entre eux et vous ferez apparaître des faits alarmants établis par les scientifiques sur le réchauffement climatique. Puis traduisez en français les phrases ainsi obtenues :

Global warming	freezes	*polar bears*
Water vapour	shortens	more intense storms
Polar bears	creates	earlier in Spring
Sea ice	*endangers*	about 70% of the greenhouse effect
	experience	later in Autumn
	melts	shorter hunting seasons
	causes	ski seasons

a. *Le réchauffement climatique met les ours blancs en danger.*

b. ....

c. ....

d. ....

e. ....

f. ....

g. ....

2. Conjuguez les verbes entre parenthèses :

a. If the earth's climate (change) ...., the average temperature (rise) ....

b. If the average temperature (rise) ...., sea levels (flood) ....coastal areas.

c. If coastal areas (be flooded) ...., lots of people (have to move) ....

d. If the Arctic (melt) ...., polar bears (disappear) ....

3. Imaginez une fin ou un début logique pour chacune des phrases :

a. If I don't learn my lessons, ...

b. If you smoke, ...

c. ...., I will have an accident.

d. ...., you will have to speak English.

e. If you eat too much, ...

f. If you are too fat, ...

g. ...., you won't eat out very often.

h. If I go to the United States, ...

23 - L'expression de la fréquence
Adverbes, once/twice a + nom, on + jour de semaine, every + nom

En anglais, pour interroger quelqu'un sur la fréquence d'une action, on pose une question commençant par **how often**, que l'on traduit par « *tous les combien* » ou « *combien de fois* ». Pour répondre à cette question, l'anglais dispose d'un certain nombre d'outils :

- tout d'abord, des adverbes tels que **always** (*toujours*), **usually** (*d'habitude*), **often** (*souvent*), **sometimes** (*quelquefois*), **rarely** (*rarement*) et **never** (*jamais*) :

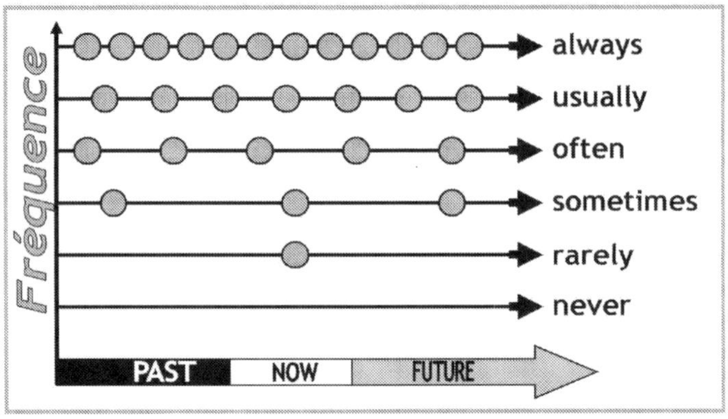

Les adverbes de fréquence anglais sont **toujours devant le verbe** (verbe **be** excepté) aux formes **affirmative** (they **often go** to the cinema / *ils **vont souvent** au cinéma*), **négative** (they don't **often go** to the cinema / *ils **ne vont pas souvent** au cinéma*) et **interrogative** (do they **often go** to the cinema? / ***vont-ils souvent** au cinéma ?*).

- des expressions comme <u>once a</u> + **nom** (***une fois par** semaine*), <u>twice a</u> + **nom** (***deux fois par** mois*), <u>three times a</u> + **nom** (***trois fois par** an*) :

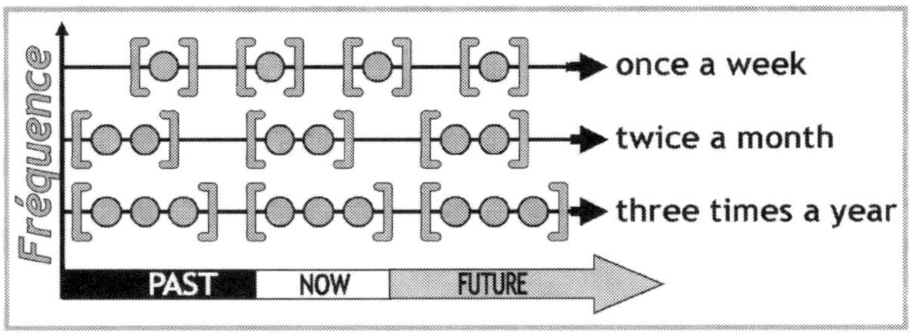

- des expressions comme **on + jour de semaine au pluriel** (**on Mondays** [*le lundi*], **on Thursdays** [*le jeudi*], **on Sundays** [*le dimanche*]) :

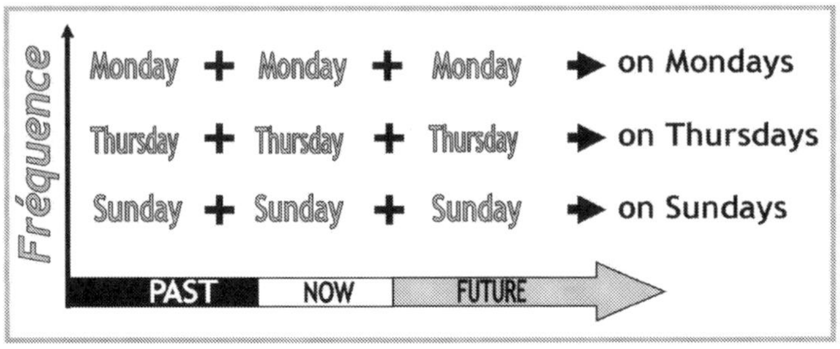

- des expressions comme **every day** (*tous les jours*), **every week** (*toutes les semaines*).

Exercices

1. Retrouvez les questions à l'origine des réponses ci-dessous à partir des mots soulignés :

a. ....? He brushes his teeth twice a day.

b. ....? They never go on holiday.

c. ....? He goes to the cinema once week.

d. ....? I eat out three times a month.

2. Remplacez les mots soulignés par un adverbe ou une expression exprimant une fréquence plus crédible :

a. Children tidy their room every evening.

....

b. People never sleep late on Sundays.

....

c. I have a shower once a week.

....

d. People don't work on Mondays.

....

3. À partir du lexique, faites des phrases (à la forme affirmative ou négative) et ajoutez un adverbe ou une expression exprimant la fréquence dans le but de faire le portrait robot du partenaire idéal :

do sport – ***get angry*** – pay the bill at the restaurant – smoke – eat eco-friendly products – watch TV – cook the meals – work at weekends – invite his/her friends at weekends

Exemple : ***She/he doesn't often get angry.***

a. ....

b. ....

c. ....

d. ....

e. ....

f. ....

g. ....

h. ....

24 - Le présent en be-ing

Comment ça marche ?

À la différence du présent simple, le présent en be-ing n'est pas un temps mais un aspect. On l'utilise pour dire qu'on « **regarde** » **l'activité du sujet sous l'angle de son déroulement.**

Il se construit avec l'auxiliaire **be** (au présent) et la terminaison **'ing'** à la fin du verbe. Les verbes en **e** perdent leur voyelle finale (drive ➡ driv**ing**) et il y a un doublement de consonne pour les verbes dont la consonne finale est précédée d'une voyelle (**get** ➡ get**t**ing).

Voici comment il se conjugue avec le verbe **work** (*travailler ou fonctionner avec **it***) :

- À **la forme affirmative** (pleine et contractée), **l'auxiliaire be** conjugué se trouve entre le sujet et le verbe : I **am** work**ing**, you/we/they **are** work**ing**, he/she/it **is** work**ing**.

Forme affirmative contractée

I	'm	working
You	're	working
He/she/it	's	working
We	're	working
They	're	working

➡

- À **la forme négative pleine, l'auxiliaire be (am, are, is)** précède la forme pleine de la négation **(not)** : I **am not** work**ing**, you/we/they **are not** work**ing**, he/she/it **is not** work**ing**.

- À la **forme négative contractée**, on « colle » la forme contractée de **not (n't)** sur l'auxiliaire **be conjugué (are, is)**, mais attention à la première personne du singulier !

'm not ⬅

I	'm not	working
You	aren't	working
He/she/it	isn't	working
We	aren't	working
They	aren't	working

- À la **forme interrogative**, l'auxiliaire **be (am, are, is)** se place **devant le sujet** pour **marquer l'interrogation** :

Am	I	working?
Are	you	working?
Is	he/she/it	working?
Are	we	working?
Are	they	working?

➡

- Dans les **réponses courtes** (pour répondre par « **oui** » ou par « **non** »), il suffit de reprendre l'auxiliaire **be** (attention aux questions en « **are** + **you** » !) à la forme affirmative ou négative, précédé du pronom personnel adéquat :

  - **Are** they watching TV? Yes, they **are** (***oui***) / No, they **aren't** (***non***).
  - **Are** you working? Yes, **I am** (***oui***) / No, **I'm not** (***non***).
  - **Is** he sleeping? Yes, he **is** (***oui***) / No, he **isn't** (***non***).

Exercices

1. Rajoutez la terminaison qui permet de mettre en relief l'activité représentée par le verbe en dessous de chaque image :

play......

swim......

drink......

cut......

cook......

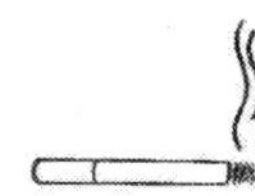

smoke......

2. Réécrivez les phrases à la forme affirmative contractée :

a. It is snowing. ....
b. They are sleeping. ....
c. I am going out tonight. ....
d. What is happening? ....

3. Réécrivez les phrases à la forme négative contractée :

a. The pupils are not listening. ....
b. I am not playing with you. ....
c. It is not raining. ....
d. I am not joking! ....
e. They are not coming with us. ....

4. Retrouvez les questions à partir des mots soulignés dans les réponses :

a. ....? He is repairing the car.
b. ....? They are looking for their dog.
c. ....? I'm installing a new program.
d. ....? Tom is calling. He wants to talk to you.
e. ....? I'm eating snails.

5. Faites des réponses courtes :

a. Are you doing your homework? ....
b. Is it raining? ....
c. Are you watching TV tonight? ....
d. Is your English improving? ....

25 - Le présent en be-ing (1/2)

À quoi ça sert ?

Avec le présent en be-ing, **l'œil de celui qui parle « zoome » sur l'activité** (représentée par **'ing'** à la fin du verbe) **à laquelle est en train de se livrer le sujet.**

Le présent en be-ing (anciennement appelé présent progressif et présent continu) sert donc à décrire une **activité qui est en cours de déroulement** ; cette activité a déjà commencé et n'est pas encore terminée au moment où l'on parle. Dans l'exemple ci-dessous, la personne qui téléphone évoque simplement ce qui est en train de se passer maintenant **(NOW).** Elle **informe** son interlocuteur sur le temps qu'il fait :

(*Il pleut.*)

On utilise fréquemment le présent en be-ing pour **réagir à une activité en cours** qui, à l'image d'un aimant, **attire** notre **attention,** notre « **regard** » **:**

(*Regarde ! L'avion s'écrase !*)

Celui qui parle peut aussi avoir recours au présent en be-ing pour « mettre son grain de sel », c'est-à-dire **exprimer ou imposer sa manière de « voir » les choses :**

(*Vous trichez ! Main !*)

À savoir ▸▸ Associé à l'adverbe de fréquence **always**, le présent en be-ing sert à « dénoncer » une **activité habituelle qui agace** (commentaire appréciatif) : "He is **always** shouting!" (*Il crie tout le temps !*)

Exercices

Jack vient d'acquérir une paire de jumelles. Il observe parfois des scènes bizarres ! Écrivez ce qu'il voit dans les bulles sans oublier la ponctuation adéquate (point ou point d'exclamation) :

mow the lawn - dance - drown - have a nap on the rails - hitch-hike - fish - read - aliens/kidnap

a. ....

b. ....

c. ....

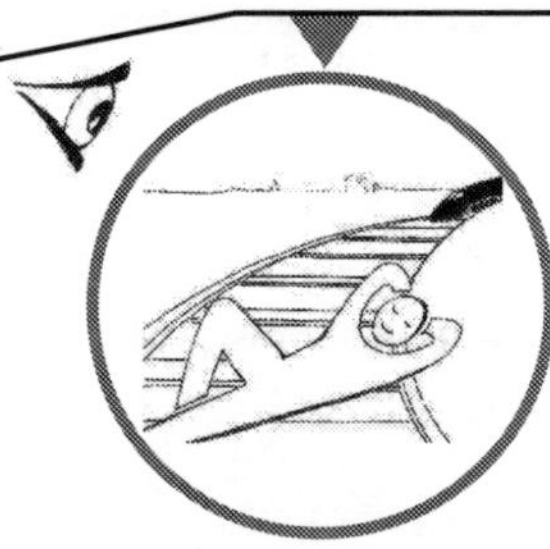

d. ....

e. ....

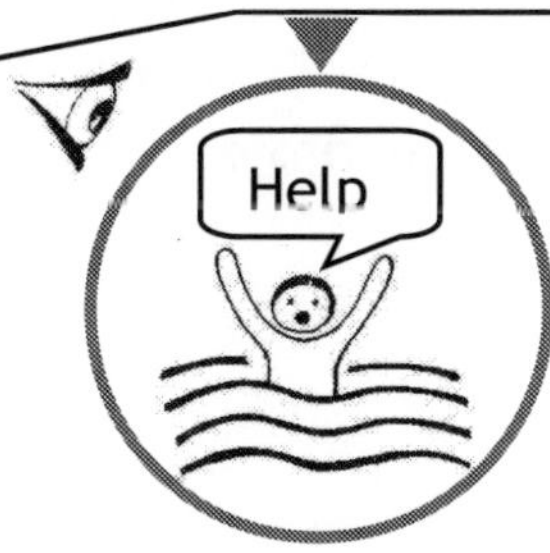

f. ....

g. ....

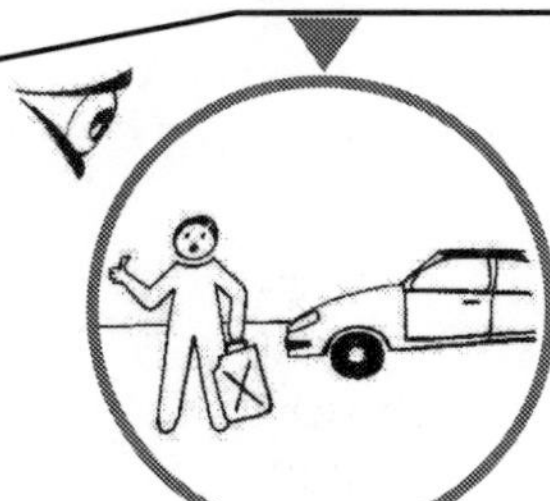

h. ....

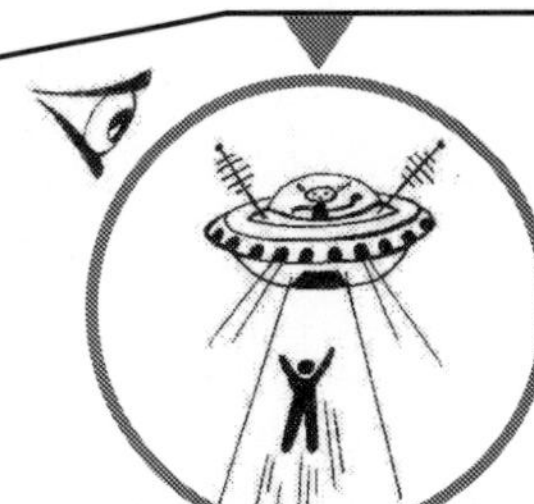

25 - Le présent en be-ing (2/2)
À quoi ça sert ?

On peut aussi avoir recours au présent en be-ing pour évoquer une **activité future** que l'on a **prévue, programmée** (programme personnel).

Celui qui parle se « **projette** » en train de se livrer à une activité à un moment donné du futur :

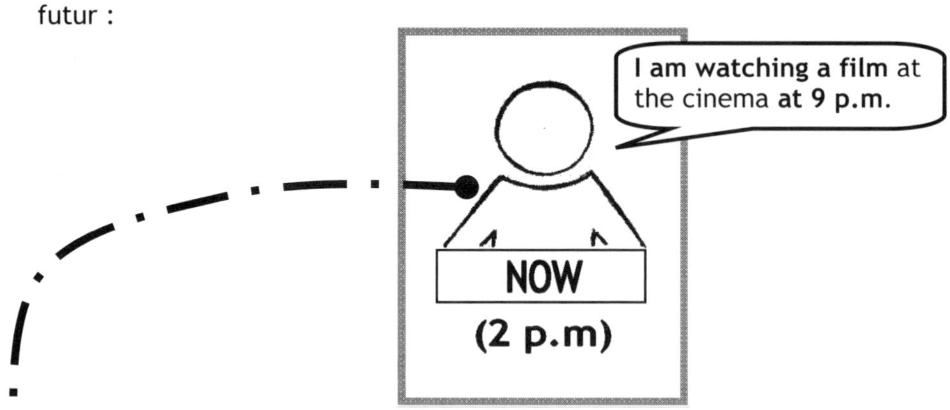

(*Je* ***regarde*** *un film au cinéma* ***à 21 heures****.*)

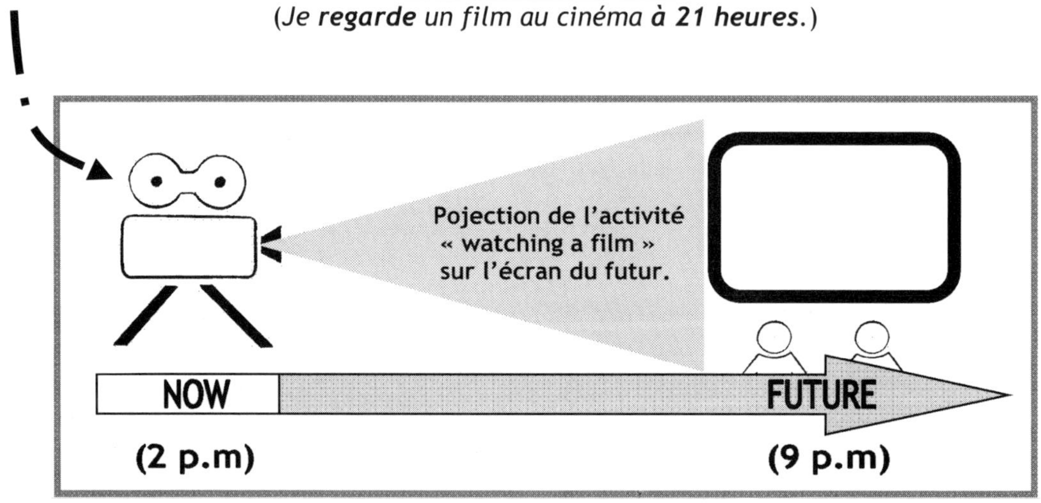

Sept heures plus tard, tout se déroule comme prévu (« projeté ») :

(*Je* ***regarde*** *un film au cinéma.*)

Exercices

Observez les « écrans du futur » et retrouvez ce que les personnages ont projeté de faire en lisant dans leurs pensées :

fish next Sunday – dance with Tom next Saturday – watch TV tonight – go biking next weekend – play cards tomorrow night – eat at the restaurant next Friday

a. ....

b. ....

c. ....

d. ....

e. ....

f. ....

Séquence de révision n°4

1. Regardez les images et complétez les phrases avec le bon présent à l'aide des mots proposés :

eat - chase - catch - run - fish - chicken leg - meat - cat

The giraffe ....!

Usually, giraffes ....

The lion ....!

Usually, lions ....

The mouse ....!

Usually, mice ....

The snail ....!

Usually, snails...............................

score ..../8

2. Ces phrases évoquent des faits de base (habitudes, généralités, vérités scientifiques, etc.) ou des commentaires (réactions de celui qui parle). Écrivez la lettre correspondant à chaque phrase dans l'une des deux colonnes du tableau :

a. Mr Nap always sleeps after lunch.
b. Mr Nap is always sleeping after lunch!
c. I often sleep late on Sundays.
d. What are you doing? Are you mad?
e. Cats don't like swimming.
f. Look! The cat is swimming!

Faits de base	Commentaires

score ..../6

Séquence de révision n°4

3. Retrouvez les cinq différences qui se cachent dans l'image B en sélectionnant le lexique adéquat :

shine - rain - ride a bike - talk - wear trousers - read a book - read a newspaper - wear a dress - wear glasses

In picture B,

a. ....

b. ....

c. ....

d. ....

e. ....

score ..../5

4. Procédez aux transformations nécessaires pour que les phrases expriment des faits de base (généralités, habitudes). Précisez la fréquence de chaque action à l'aide de l'adverbe ou de l'expression de votre choix :

a. John is going shopping. ....

b. I am having dinner. ....

c. Are you brushing your teeth? ....

d. Mum is cooking a chicken. ....

e. She is eating out. ....

score ..../5

5. Conjuguez les verbes entre parenthèses au présent simple ou au présent en be-ing :

a. What .... you (do) .... on Sundays?

b. What .... you (do) .... tonight?

c. John (smoke) .... two cigarettes a day.

d. John (always/watch TV) ....! When does he do his homework?

e. I (do) .... the dishes once a day.

score ..../5

26 - Le present perfect

Comment ça marche ?

Tout comme le présent en be-ing, le present perfect n'est pas un temps (voir définition de ce mot à la p. 54) mais un aspect. **On l'utilise pour dire qu'on « regarde » le résultat présent d'une action accomplie.**

Le present perfect se construit avec l'auxiliaire **have** (au présent) et la terminaison **'ed'** à la fin du verbe (uniquement si ce dernier est **régulier**). Si le verbe est **irrégulier**, on trouvera son « **participe passé** » dans la **troisième colonne de la liste des verbes irréguliers.**

Voici comment se conjugue le present perfect avec le verbe **work** (*travailler ou fonctionner avec **it***) qui représente les **verbes réguliers** et le verbe **be** (*être*) qui représente les verbes irréguliers :

- À **la forme affirmative** (pleine et contractée), l'auxiliaire **have** (conjugué **have, has**) se trouve entre le sujet et le verbe : I/you/we/they **have** worked ou been, he/she/it **has** worked ou been.

La forme affirmative contractée

I	've	worked	been
You	've	worked	been
He/she/it	's	worked	been
We	've	worked	been
They	've	worked	been

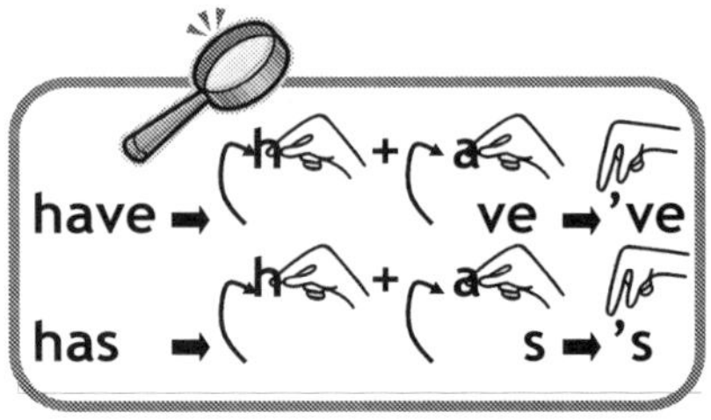

- À **la forme négative pleine**, l'auxiliaire **have (has** avec **he/she/it)** précède la forme pleine de la négation **(not)** suivie du verbe **(V+ed <u>ou</u> 3e colonne de la liste)** : I/you/we/they **have not** worked ou been, he/she/it **has not** worked ou been.

- À la **forme négative contractée**, on « colle » la forme contractée de **not (n't)** sur **l'auxiliaire have.** Ce « collage » est suivi du verbe (**V+ed** ou **3e colonne** de la liste) :

I	haven't	worked	been
You	haven't	worked	been
He/she/it	hasn't	worked	been
We	haven't	worked	been
They	haven't	worked	been

- À **la forme interrogative**, l'auxiliaire **have (has** avec **he/she/it)** se place **devant le sujet** pour **marquer l'interrogation** :

Have	I	worked	been?
Have	you	worked	been?
Has	he/she/it	worked	been?
Have	we	worked	been?
Have	they	worked	been?

- Dans **les réponses courtes** (pour répondre par « **oui** » ou par « **non** »), il suffit de reprendre l'auxiliaire **have (has** avec **he/she/it)** à la forme affirmative ou négative précédé du pronom personnel adéquat :

  - **Have** you ever eaten oysters? Yes, I **have** (***oui***) / No, I **haven't** (***non***).
  - **Has** he brushed his teeth? Yes, he **has** (***oui***) / No, he **hasn't** (***non***).

Exercices

1. Réécrivez les phrases à la forme affirmative pleine :

a. I've made a cake. ....

b. She's cried. ....

c. They've bought a car. ....

d. We've finished. ....

2. Réécrivez les phrases à la forme négative contractée :

a. I have not done my homework. ....

b. She has not read that book. ....

c. We have not eaten yet. ....

d. He has not invited her. ....

3. Réécrivez les phrases à la forme interrogative :

a. You've missed the bus. ....

b. He's helped his mother. ....

c. They've drunk a lot of wine. ....

d. She's gone out. ....

4. Écrivez les questions correspondant aux réponses suivantes :

a. ....? Yes, the fridge is full now.

b. ....? Yes, I can take photos now.

c. ....? Yes, I speak English now.

d. ....? Yes, I can wear my old jeans now.

5. Faites des réponses courtes :

a. Have you ever eaten snails? ....

b. Have you ever driven a car? ....

c. Has your father stopped smoking? ....

d. Have you had a road accident? ....

6. Imaginez les questions qui ont pu provoquer ces réponses courtes :

a. ....? Yes, I have.

b. ....? Yes, they have.

c. ....? No, she hasn't.

d. ....? No, I haven't.

27 - Le present perfect (1/4)

À quoi ça sert ?

Le present perfect permet à son utilisateur d'établir un lien entre le passé et le présent, de « se balancer » entre ce qui est fini (perfect) et ce qui s'offre à son regard au moment où il parle (present). Avec cette forme verbale, **celui qui parle fait toujours sentir le poids du passé** (représenté par la terminaison **'ed'**) **sur le présent** (représenté par l'auxiliaire **have**) : il fait un **bilan**.

C'est donc l'outil « parfait » pour évoquer une situation présente liée à une action accomplie (ou pas) dans le passé ou pour **faire débarquer le passé dans le présent** sous la forme d'une action qui a déjà commencé et qui n'est pas encore terminée au moment où l'on parle. Le present perfect est généralement rendu en français par le présent de l'indicatif ou le passé composé. On l'utilise :

- pour constater **le résultat présent** (les restes du poisson rouge par terre) **d'une action passée** (le chat est passé par là) :

(*Le chat **a mangé** le poisson rouge.*)

- pour demander à une personne si elle a **déjà** accompli telle ou telle expérience :

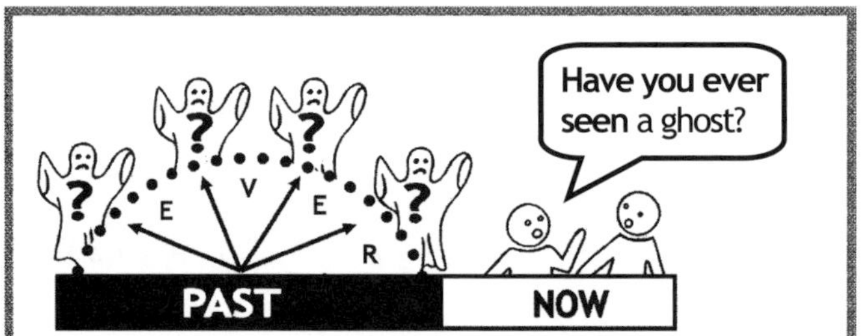

Chaque point du passé est « parcouru » par **ever**.

(***As**-tu **déjà vu** un fantôme ?*)

- pour dire à quelqu'un qu'on n'a **jamais accompli telle ou telle expérience** :

Chaque point du passé est « parcouru » par **never**.

(*Je **n'ai jamais vu** de fantôme.*)

Exercices

1. Faites des phrases évoquant ce que vous constatez dans chacune des images :

she/do the shopping - he/buy a computer - he/lose his mobile - he/break his arm - she/smash the lamp - he/paint the gate

a. ....

b. ....

c. ....

d. ....

e. ....

f. ....

2. Traduisez en anglais :

travel by air - eat oysters - make a parachute jump - see a whale - play golf - see a flying saucer

a. As-tu déjà voyagé en avion ? ....

b. As-tu déjà mangé des huîtres ? ....

c. As-tu déjà sauté en parachute ? ....

d. As-tu déjà vu une baleine ? ....

e. As-tu déjà joué au golf ? ....

f. As-tu déjà vu une soucoupe volante ? ....

3. Traduisez en anglais :

a. Je n'ai jamais voyagé en avion. ....

b. Je n'ai jamais mangé des huîtres. ....

c. Je n'ai jamais sauté en parachute. ....

d. Je n'ai jamais vu de baleine. ....

e. Je n'ai jamais joué au golf. ....

f. Je n'ai jamais vu de soucoupe volante. ....

27 - Le present perfect (2/4)

À quoi ça sert ?

pour parler de quelque chose qu'on fait pour **la première fois**, quelque chose qu'on n'a jamais accompli auparavant :

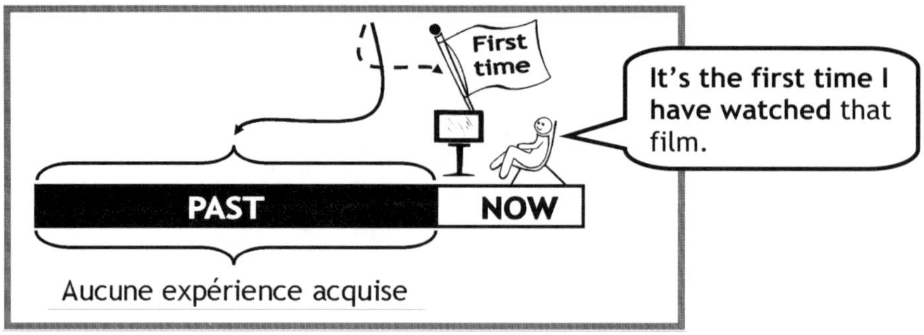

(***C'est la première fois que je regarde** ce film.*)

À savoir ⏩ Le present perfect sera bien sûr au rendez-vous pour dire que c'est la deuxième/troisième/quatrième fois que l'on fait quelque chose étant donné que l'on parle d'une action qui a déjà été accomplie une ou plusieurs fois dans le passé.

pour parler de quelque chose qui **n'a pas encore été fait** dans la période de temps comprise entre « avant » et « maintenant » :

(*Je n'ai **pas encore** attrapé de poissons.*)

À savoir ⏩ À la fin d'une question, **yet** est traduit par « *déjà* ». Il permet d'interroger quelqu'un sur une action attendue : "**Have you had breakfast yet?**" (*Tu as **déjà** pris ton petit déjeuner ?*)

pour **faire le point sur ce qui a déjà été accompli** (dans le cadre d'une partie de pêche qui n'est pas encore terminée par exemple) :

(*J'ai **déjà** attrapé deux poissons.*)

À savoir ⏩ « Déjà » avec le sens de « auparavant » est traduit par **before** : "I've watched that film **before**." (*J'ai **déjà** vu ce film.*).

Exercices

1. Traduisez en anglais :

make a parachute jump – travel by air – walk on crutches – watch that film

a. C'est la première fois que je saute en parachute.

....

b. C'est la première fois que je prends l'avion.

....

c. C'est la première fois qu'il marche avec des béquilles.

....

d. C'est la deuxième fois que je regarde ce film.

....

2. En dessous de chaque image, faites une phrase pour parler de ce que la bonne a déjà fait ou de ce qu'elle n'a pas encore fait :

do the dishes – do the washing – do the ironing – clear the table – put out the bin – sweep the floor

a. ....

b. ....

c. ....

d. ....

e. ....

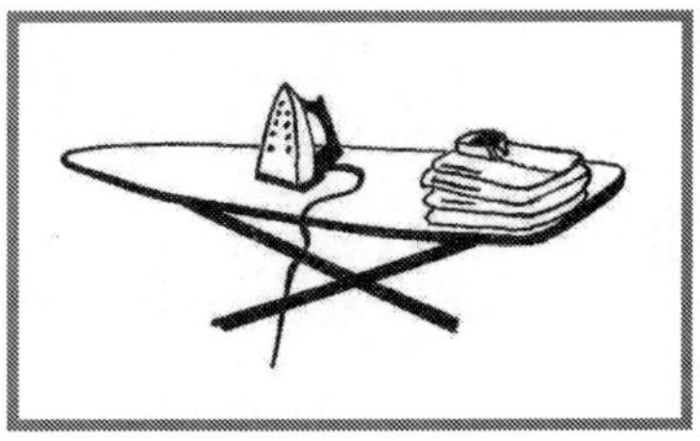

f. ....

27 - Le present perfect (3/4)

À quoi ça sert ?

pour parler de **quelque chose qui vient de se passer**, c'est-à-dire d'une action passée très récente dont **le résultat est encore visible au moment où l'on parle :**

(*Je* ***viens de*** *crever.*)

pour demander à quelqu'un « **depuis quand** » une action se déroule :

- **How long** has it rained? (***Depuis quand*** *pleut-il ?*)

pour exprimer l'idée qu'une action se déroule **depuis** un point de repère passé (une date, un événement, une heure précise, un mois, un jour de la semaine, etc.) qui sert de **point de départ** (« depuis » est alors traduit par « **since** ») :

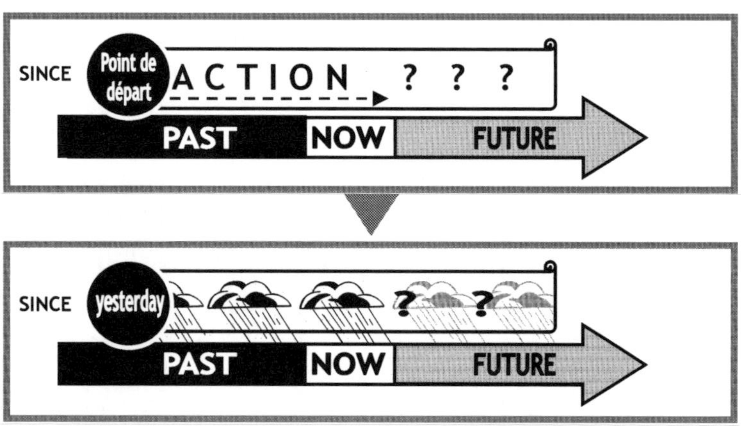

- It has rained **since yesterday**. (*Il pleut* ***depuis hier****.*)

À savoir ⏩ Le point de départ est un point de repère passé (« mort et enterré ») complètement coupé du moment où l'on parle **(NOW)**. Donc, si ce point de départ est une **action passée ponctuelle**, **since** sera suivi d'un verbe conjugué au **prétérit simple** :

- It has rained **since I arrived.** (*Il pleut* ***depuis que je suis arrivé****.*)

À savoir ⏩ **Since** peut introduire un verbe conjugué au present perfect lorsque ce dernier évoque **un état encore vérifiable au moment où l'on parle :**

- I haven't seen John **since he <u>has been ill</u>**. (*Je n'ai pas vu John* ***depuis qu'il <u>est malade</u>****.*)

Exercices

1. Traduisez en anglais :

have a shower - do the dishes - catch a fish - arrive - police / arrest the thief - storm / break -

a. Je viens de faire la vaisselle. ....

b. Ils viennent d'arriver. ....

c. Il vient d'attraper un poisson. ....

d. Je viens de prendre une douche. ....

e. La police vient d'arrêter le voleur. ....

f. L'orage vient d'éclater. ....

2. Faites des phrases pour dire depuis quel moment ces actions se déroulent. Ensuite, traduisez chaque phrase en français :

walk on crutches - work - play the piano - be five - have an accident

a. ....

b. Traduction : ....

c. ....

d. Traduction : ....

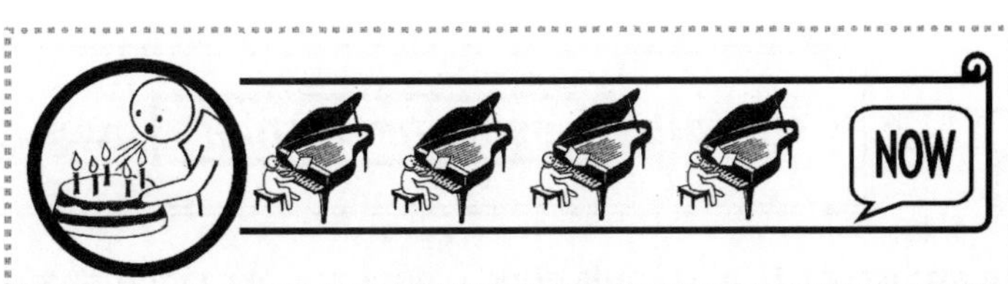

e. ....

f. Traduction : ....

27 - Le present perfect (4/4)

À quoi ça sert ?

pour exprimer l'idée qu'une action se déroule **depuis un certain temps (durée)** : un certain nombre de minutes, d'heures, de jours, de semaines, de mois, d'années, de siècles, etc.

Le « **depuis** » qui introduit **la durée** de l'action **(commencée dans le passé et encore observable au moment où l'on parle)** est alors traduit par « **for** » :

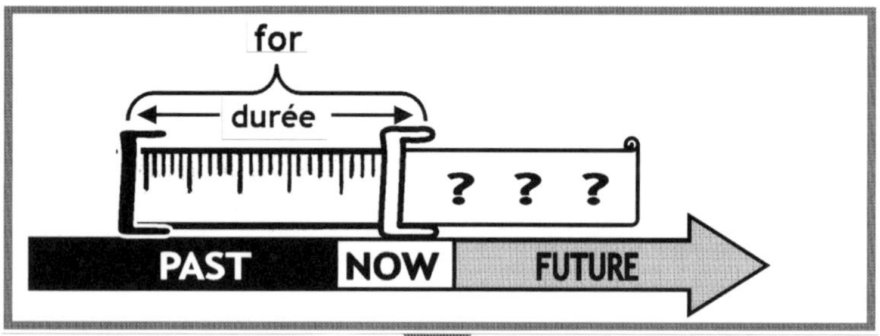

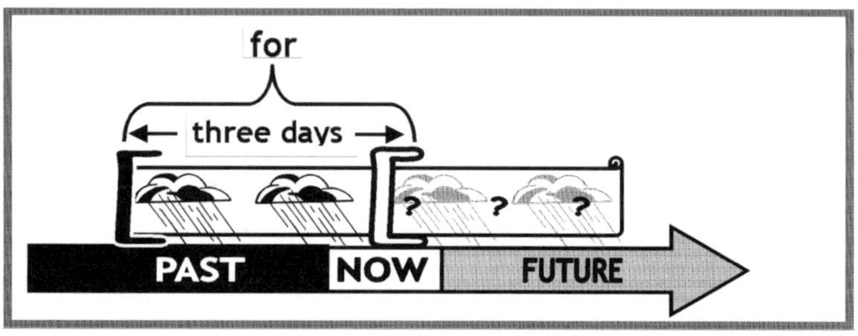

- It has rained **for three days.** (*Il pleut* ***depuis trois jours****.*)

À savoir ⏩ Si vous n'êtes pas sûr d'avoir affaire à une durée, (si vous hésitez donc entre **for** et **since** pour traduire ***depuis***) testez l'expression qui vous pose problème avec la tournure française « **cela fait + durée + que...** ». Elle permet en effet de **mettre en relief la durée d'une action** et donc d'exclure tout « point de départ » :

Cela fait ***une semaine*** *que...*

Ça marche ! On traduit donc « depuis » par **for ⇨ for a week** :

- I have been ill **for** a week. (*Je suis malade* ***depuis une semaine****.*)

Cela fait ***la semaine dernière*** *que...*

Ça ne marche pas ! On traduit donc « depuis » par **since ⇨ since last week :**

- I have been ill **since** last week. (*Je suis malade* ***depuis la semaine dernière****.*)

Exercices

En vous aidant des bornes, calculez la durée de chaque action en anglais. Ensuite, dites depuis combien de temps chaque action se déroule et traduisez en français :

play the guitar - live in this house - have a temperature - watch TV

a. Durée de l'action : ....

b. ....

c. Traduction : ....

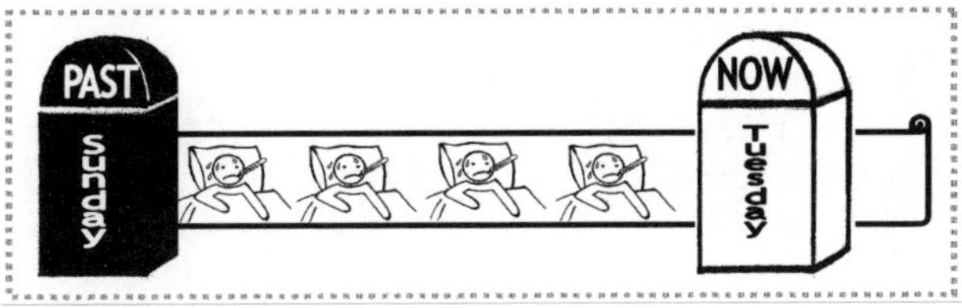

d. Durée de l'action : ....

e. ....

f. Traduction : ....

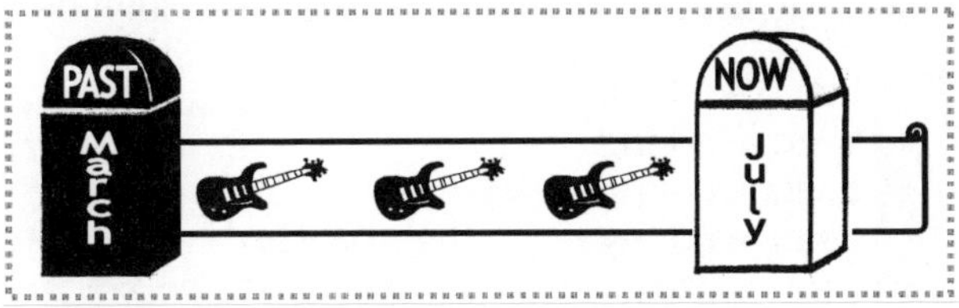

g. Durée de l'action : ....

h. ....

i. Traduction : ....

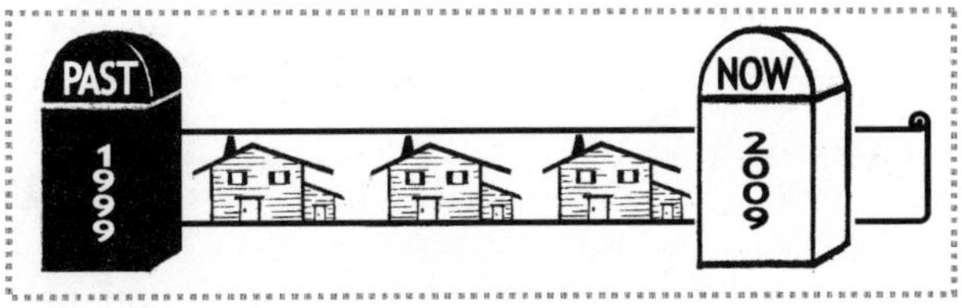

j. Durée de l'action : ....

k. ....

l. Traduction : ....

28 - Le present perfect en be-ing

Comment ça marche ?

Comme son nom l'indique, le **present perfect en be-ing** est l'association de la forme **be-ing** et du **present perfect**.

À l'image de ce dernier, il se construit avec l'auxiliaire **have** au présent. Par contre, le renvoi au passé ne se fait plus par le biais du participe passé du verbe (**V+ed** ou troisième colonne de la liste des verbes irréguliers) mais par celui du participe passé de **be (been)**.

Le verbe s'écrit avec la terminaison **'ing'** à toutes les formes et à toutes les personnes. Les verbes en **e** perdent leur voyelle finale (smok**e** ➡ smok**ing**) et il y a un doublement de consonne pour les verbes dont la consonne finale est précédée d'une voyelle (ru**n** ➡ run**n**ing).

Voici comment il se conjugue avec le verbe **work** (*travailler ou fonctionner avec **it***) :

- À **la forme affirmative** (pleine et contractée), l'auxiliaire **have** (conjugué **have, has**) se trouve entre le sujet et **been V+ing** : I/you/we/they **have** been working , he/she/it **has** been working.

La forme affirmative contractée

I	've	been	working
You	've	been	working
He/she/it	's	been	working
We	've	been	working
They	've	been	working

➡

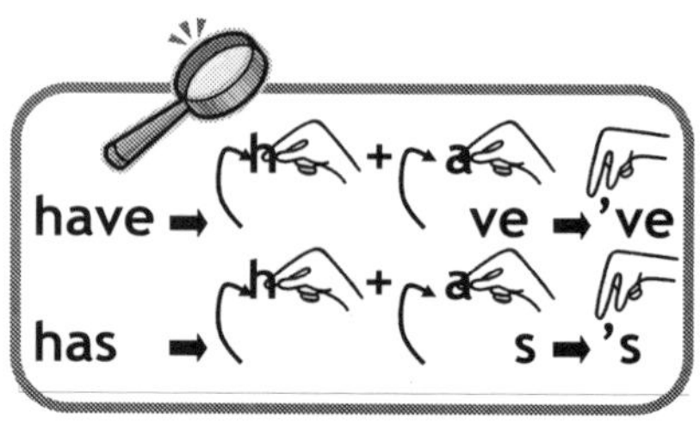

- À **la forme négative pleine**, l'auxiliaire **have (has** avec **he/she/it)** précède la forme pleine de la négation **(not)** suivie de **been V+ing** : I/you/we/they **have not** been working, he/she/it **has not** been working.

- À la **forme négative contractée**, on « colle » la forme contractée de **not (n't)** sur **l'auxiliaire have** (**has** avec **he/she/it**). Ce « collage » est suivi de **been V+ing** :

I	haven't	been	working
You	haven't	been	working
He/she/it	hasn't	been	working
We	haven't	been	working
They	haven't	been	working

➡

- À **la forme interrogative**, l'auxiliaire **have (has** avec **he/she/it)** se place **devant** le sujet pour **marquer l'interrogation** :

Have	I	been	working?
Have	you	been	working?
Has	he/she/it	been	working?
Have	we	been	working?
Have	they	been	working?

➡

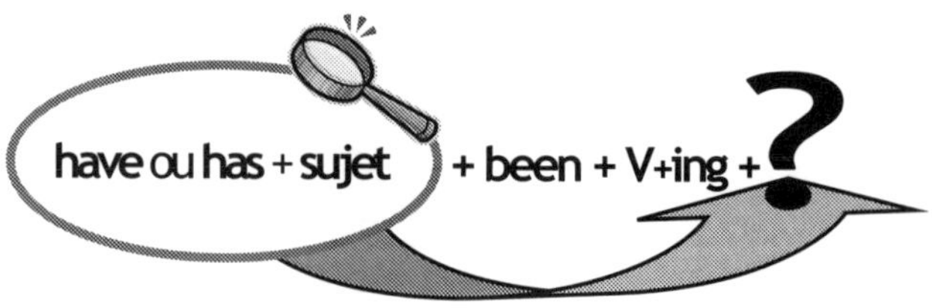

- Dans **les réponses courtes** (pour répondre par « **oui** » ou par « **non** »), il suffit de reprendre l'auxiliaire **have (has** avec **he/she/it)** à la forme affirmative ou négative précédé du pronom personnel adéquat :

  - **Have** you been smoking? Yes, I **have** (***oui***) / No, **I haven't** (***non***).
  - **Has** he been painting the gate? Yes, he **has** (***oui***) / No, he **hasn't** (***non***).

Exercices

1. Réécrivez les phrases à la forme affirmative pleine :

a. It's been raining! ....

b. You've been smoking! ....

c. He's been eating my sandwich! ....

d. She's been breaking my lamp! ....

2. Réécrivez les phrases à la forme négative contractée :

a. He has not been doing his homework! ....

b. I have not been sleeping for two days! ....

c. It has not been raining for months! ....

d. They have not been eating their dessert! ....

3. Réécrivez les phrases à la forme interrogative :

a. He's been painting the walls red. ....

b. She's been phoning. ....

c. They've been fixing my computer. ....

d. She's been crying. ....

4. Écrivez les questions correspondant aux réponses suivantes :

a. ....? Yes, I'm really sorry.

b. ....? No, I've been working all night!

c. ....? No, the fridge is empty!

d. ....? Yes, she wants to get a divorce.

5. Faites des réponses courtes :

a. Have you been going to the cinema lately? ....

b. Have you been drinking alcohol? ....

c. Has your brother been following a diet? ....

d. Have you been living here for long? ....

6. Imaginez les questions qui ont pu provoquer ces réponses courtes :

a. ....? Yes, I have.

b. ....? No, I haven't.

c. ....? Yes, it has.

d. ....? Yes, he has.

29 - Le present perfect en be-ing

À quoi ça sert ?

Le présent perfect en be-ing permet à son utilisateur d'**établir un lien entre le passé et le présent (have/has been) tout en « zoomant » sur l'activité du sujet (V+ing)** qui peut être terminée ou encore observable au moment où l'on parle **(NOW).**

Avec ce présent, celui qui parle fait entendre sa **manière de voir les choses.** Il **réagit** aux traces présentes d'une activité accomplie (ou pas) dans le passé. Le present perfect en be-ing est généralement rendu en français par le présent de l'indicatif ou le passé composé.

On s'en sert :

- pour **faire entendre son point de vue sur une situation (V+ing) qui dure (dur, dur !).** Dans cet emploi, le present perfect en be-ing est alors associé à **for** ou **since** (voir p. 76 et p. 78) :

(*Deux heures que je* ***fais*** *la queue !*)

- pour **faire un reproche ou une remarque** à quelqu'un **à partir de ce que l'on voit** :

(*Tu* ***as*** *encore* ***bu*** *!*)

- pour **justifier une situation ou un état présent** (ici, l'état de la chemise) :

(*Qu'****as****-tu* ***fait*** *? J'****ai réparé*** *mon vélo.*)

Exercices

Réagissez à ces situations en faisant des phrases au present perfect en be-ing :

pour for four days – cat/eat/goldfish – river/dry up – they/do/the dishes/ for one week – plane/crash – he/see a ghost

a. ....

....

....

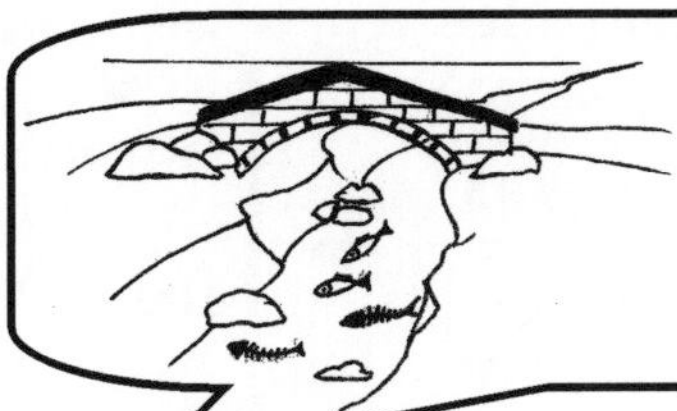

b. ....

....

....

c. ....

....

....

d. ....

....

....

e. ....

....

....

f. ....

....

....

30 - BE GOING TO

Comment ça marche ?

Be going to, aussi appelé « **go future** », est l'un des nombreux outils dont dispose l'anglais pour parler du futur. Il se construit avec l'auxiliaire **be** au présent **(am, are, is)** associé à un « bloc » composé de trois mots indissociables, quelle que soit la forme ou la personne : **going + to + verbe** (base verbale).

Be et **going** nous indiquent qu'on est en train de se diriger (**go** exprime ici un déplacement mental) vers **(to)** une action future (représentée par la **base verbale**). Voici comment se conjugue cet outil avec le verbe **work** (*travailler ou fonctionner avec **it***) :

- À **la forme affirmative** (pleine et contractée), l'auxiliaire **be** se trouve entre le sujet et **going to base verbale** : I **am** going to work, you/we/they **are** going to work, he/she/it **is** going to work.

Forme affirmative contractée

I	'm	going	to	work
You	're	going	to	work
He/she/it	's	going	to	work
We	're	going	to	work
They	're	going	to	work

- À **la forme négative pleine**, l'auxiliaire **be** précède la forme pleine de la négation **(not)** : I **am not** going to work, you/we/they **are not** going to work, he/she/it **is not** going to work.

- À **la forme négative contractée**, on « colle » la forme contractée de **not (n't)** sur l'auxiliaire **be (are/is)**, mais **attention à la première personne du singulier** :

'm not ⬅

I	'm not	going	to	work
You	aren't	going	to	work
He/she/it	isn't	going	to	work
We	aren't	going	to	work
They	aren't	going	to	work

- À **la forme interrogative**, l'auxiliaire **be** se place **devant le sujet** pour **marquer l'interrogation** :

Am	I	going	to	work?
Are	you	going	to	work?
Is	he/she/it	going	to	work?
Are	we	going	to	work?
Are	they	going	to	work?

- Dans **les réponses courtes** (pour répondre par « **oui** » ou par « **non** »), il suffit de reprendre l'auxiliaire **be** (attention aux questions en « **are + you** ») à la forme affirmative ou négative précédé du pronom personnel adéquat :

  - **Is** it going to rain? Yes, it **is** (*oui*) / No, it **isn't** (*non*).
  - **Are** you going to work? Yes, I **am** (*oui*) / No, **I'm not** (*non*).

Exercices

1. Réécrivez les phrases à la forme affirmative pleine :

a. It's going to rain. ....

b. She's going to have a baby. ....

c. I'm going to go to bed. ....

d. She's going to learn Italian. ....

2. Réécrivez les phrases à la forme négative contractée :

a. He is not going to win. ....

b. They are not going to go to Venice. ....

c. I am not going to eat out with you. ....

d. We are not going to be late. ....

3. Réécrivez les phrases à la forme interrogative :

a. She's going to leave him. ....

b. They're going to move. ....

c. He's going to find a job. ....

d. You're going to stop smoking. ....

4. Écrivez les questions correspondant aux réponses suivantes :

a. ....? No, I hate skiing.

b. ....? Yes, don't forget your umbrella.

c. ....? No, I'm dead broke.

d. ....? Yes, I love her.

5. Faites des réponses courtes :

a. Are you going to learn German? ....

b. Are you going to have a mobile phone? ....

c. Is your English going to improve? ....

d. Are polar bears going to disappear? ....

6. Imaginez les questions qui ont pu provoquer ces réponses courtes :

a. ....? Yes, I am.

b. ....? No, I'm not.

c. ....? Yes, she is.

d. ....? No, they aren't.

31 - BE GOING TO
À quoi ça sert ?

On utilise **be going to** pour faire une **prédiction** ou pour parler de ce qu'on a l'**intention** de faire.

À partir de l'observation d'indices (comme des nuages) **qui attirent notre attention dans le présent (NOW)**, on fait un déplacement mental dans le futur **(going to V)** pour évoquer **l'évolution logique de la situation présente.** Cela s'appelle une **prédiction** :

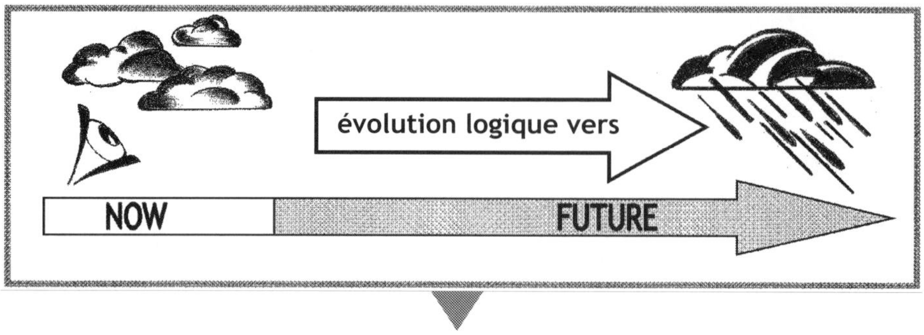

(*Il* ***va*** *pleuvoir !*)

À savoir ⏩ Les prédictions météorologiques, et toutes les prédictions qui sont le résultat d'une **réflexion intellectuelle**, se font avec l'auxiliaire modal **will** suivi d'une base verbale (it **will rain** tomorrow in the south of England / *Il* ***pleuvra*** *demain dans le sud de l'Angleterre*).

L'utilisateur du « **go future** » parle de ce qu'il a l'**intention de faire**, de ce qu'il **va faire**, de ce qu'il **a décidé de faire.**

Il emploie **be going to** pour dire qu'il « **tend vers** », qu'il « **va vers** » la réalisation (plus ou moins proche par rapport au moment où il parle) de telle ou telle action future.

À savoir ⏩ Lorsque l'on « joint le geste à une décision » prise au moment où l'on parle dans un contexte précis, on emploie l'auxiliaire modal **will** suivi d'une **base verbale** :

(*Je* ***vais répondre*** *!*)

(*Je* ***vais m'acheter*** *une nouvelle voiture.*)

À savoir ⏩ Celui qui parle peut dire qu'il va acheter une nouvelle voiture avec le modal **will.** Dans ce cas, il doit **préciser dans quelle situation (ou à quelle condition) l'achat se fera** : "I **will get** a new car **if I can buy it on credit.**" (*J'aurai une nouvelle voiture si je peux l'acheter à crédit.*)

Exercices

1. Observez ces images et faites des prédictions :

dive - crash - win - plane - fall

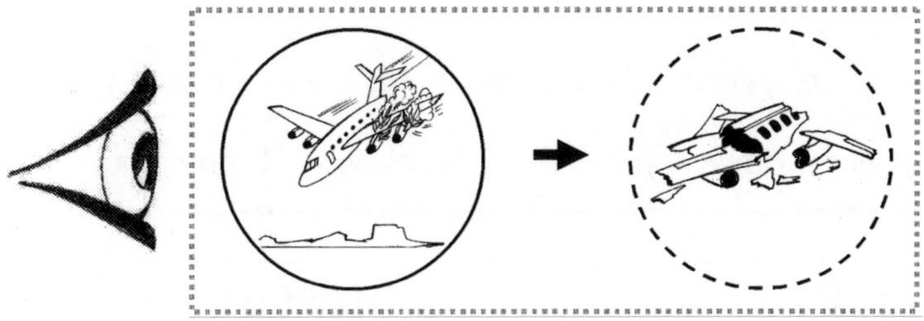

a. ....

b. ....

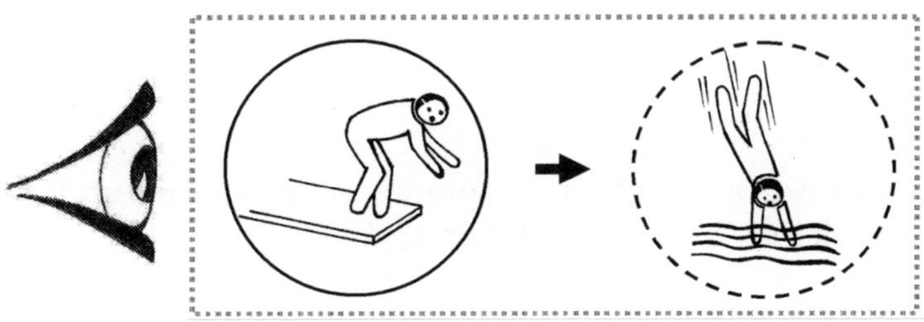

c. ....

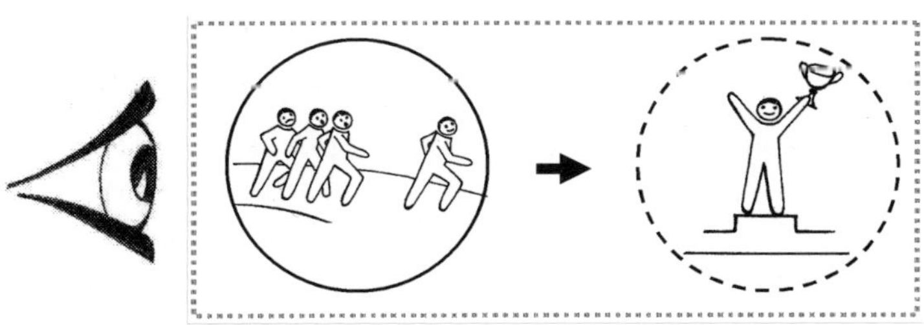

d. ....

2. Parlez de ce que vous avez l'intention de faire pendant les prochaines vacances :

....

....

Séquence de révision n° 5

1. Les expressions suivantes évoquent une durée ou un point de départ. Associez-les à FOR ou SINCE en les écrivant dans la bonne colonne du tableau :

a. a long time b. January 20th 2009 c. he fell in love with a vegetarian

d. two hours e. years f. three years g. 3 p.m h. last week

i. his flat burnt down j. 1996 k. four days l. one month

FOR	SINCE

score .../12

2. Traduisez les phrases au present perfect (simple ou en be-ing) en utilisant le lexique ainsi que certains éléments de réponse de l'exercice 1 :

be president of the U.S.A - stay with - smoke - eat meat - teach aeronautics

a. Barack Obama est président des États-Unis depuis le vingt janvier 2009.

....

b. Il vit chez ses parents depuis que son appartement a pris feu.

....

c. Ça fait trois semaines que je ne fume pas !

....

d. Il ne mange pas de viande depuis qu'il est tombé amoureux d'une végétarienne !

....

e. Il enseigne l'aéronautique depuis sept ans.

....

score .../5

Séquence de révision n°5

Jack est chez une voyante. À partir des images contenues dans les boules de cristal, retrouvez les prédictions et écrivez-les dans les bulles en vous aidant du lexique :

crash into a car – fall in love – wife/leave – win on the lottery – be rich – have a baby

a. ....

b. ....

c. ....

d. ....

e. ....

f. ....

Score ..../6

32 - Le prétérit simple

Comment ça marche ?

Tout comme le présent simple, le prétérit simple est **un temps** (voir la définition de ce mot, p. 54). Le prétérit simple pose le problème des **verbes irréguliers** (voir p. 8) ; mais cela ne concerne que **la forme affirmative.** En effet, aux formes négative et interrogative, que le verbe soit régulier ou irrégulier, on associe l'auxiliaire **did** à la **base verbale (V = work/grow).**

Voici comment le prétérit simple se conjugue avec le verbe **work** (*travailler ou fonctionner avec **it***) qui représente les verbes réguliers et le verbe **grow** (*grandir, cultiver ou pousser avec **it***) qui représente les verbes irréguliers ( ) de la deuxième colonne de la liste :

- À la **forme affirmative**, l'auxiliaire **did** est **absent** (sauf si celui qui parle désire insister sur le contenu de son énoncé, voir p. 18). Le sujet est donc suivi de la base verbale d'un verbe **régulier avec la terminaison 'ed'** (ou simplement **'d'** si la dernière lettre est un e) **ou (/)** d'un **verbe irrégulier** (deuxième colonne de la liste). La terminaison **'ed'** se prononce **[d]**, **[t]** ou **[Id]** (voir p. 8) :

I	work**ed**	/	**grew**
You	work**ed**	/	**grew**
He/she/it	work**ed**	/	**grew**
We	work**ed**	/	**grew**
They	work**ed**	/	**grew**

➜

La terminaison **'ed'** et l'auxiliaire **did** sont rivaux pour signaler **un renvoi au passé** dans une phrase. Mais il ne peut y avoir qu'**un seul vainqueur** !

- À la forme négative pleine, l'auxiliaire **did** précède la forme pleine de la négation **(not)** suivie de la **base verbale** du verbe : I/you/he/she/it/we/they **did not** work/grow

- À la **forme négative contractée**, on « colle » la forme contractée de **not (n't)** sur l'auxiliaire **did.** Ce « collage » est suivi de la **base verbale** du verbe :

I	didn't	work ou grow
You	didn't	work ou grow
He/she/it	didn't	work ou grow
We	didn't	work ou grow
They	didn't	work ou grow

➜

- À la **forme interrogative**, l'auxiliaire **did** se place **devant le sujet** pour **marquer l'interrogation** :

Did	I	work ou grow?
Did	you	work ou grow?
Did	he/she/it	work ou grow?
Did	we	work ou grow?
Did	they	work ou grow?

➜

- Dans les **réponses courtes** (pour répondre par « **oui** » ou par « **non** »), il suffit de reprendre l'auxiliaire **did** à la forme affirmative ou négative précédé du pronom personnel adéquat :

    - **Did** you sleep well last night? Yes, I **did** (***oui***) / No, I **didn't** (***non***).
    - **Did** Helen phone you yesterday? Yes, she **did** (***oui***) / No, she **didn't** (***non***).

Exercices

1. Réécrivez les verbes à la forme affirmative du prétérit simple :

a. miss ....
b. carry ....
c. watch ....
d. explode ....
e. need ....
f. want ....

2. Réécrivez les verbes à la forme affirmative du prétérit simple :

a. buy ....
b. eat ....
c. sleep ....
d. drink ....
e. make ....
f. burn ....

3. Réécrivez les phrases à la forme négative contractée :

a. I watched TV yesterday. ....
b. She made a cake last Sunday. ....
c. He carried his mother's bag. ....
d. They missed the train. ....

4. Réécrivez les phrases à la forme interrogative :

a. You helped your grandmother. ....?
b. You did your homework. ....?
c. They slept in a tent. ....?
d. She fell in love with David. ....?

5. Ces phrases comportent des erreurs. Surlignez-les puis réécrivez les phrases correctement :

a. I didn't wanted to hurt you. ....
b. I sawed Kate yesterday. ....
c. Did you posted the letter? ....
d. Where did you be last night? ....

6. Imaginez les questions à l'origine des réponses ci-dessous :

a. ....? Yes, I did.
b. .... ? I ate a sandwich.
c. ....? I went to the cinema.
d. ....? No, I didn't.
e. ....? No, I stayed at home.

33 - Le prétérit simple (1/2)
À quoi ça sert ?

Avec le prétérit simple (traduisible en français par l'imparfait, le passé composé et le passé simple), celui qui parle choisit de « **ressusciter** » **le passé. Il relate les faits tels qu'ils se sont passés, sans établir de lien avec le présent** (il n'exprime aucun point de vue).
Le prétérit simple est donc **le temps de la « rupture » entre le passé et le présent** (moment où l'on parle).

Le prétérit simple sert à évoquer une action ou situation passée, souvent datée, envisagée dans sa globalité et **complètement coupée du moment où l'on parle** :

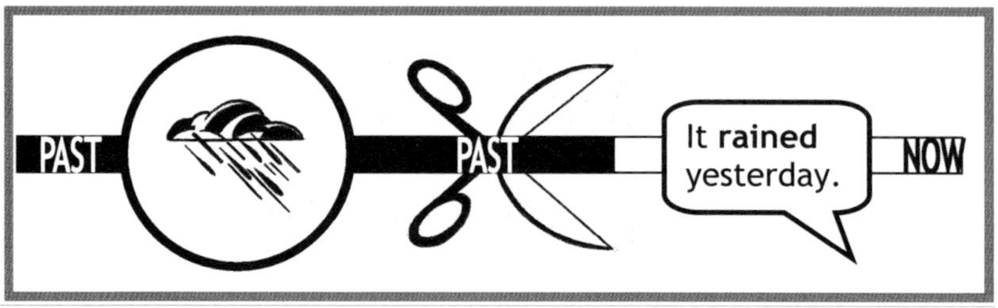

(*Il **a plu** hier.*)

On peut utiliser le prétérit simple pour raconter **nos « petites histoires » personnelles** (passées et coupées du présent), mais aussi **la « grande Histoire »** :

- I **saw** a UFO last year. (*J'ai vu un OVNI l'an dernier.*)
- Christopher Columbus **discovered** America in 1492.
  (*Christophe Colomb a découvert l'Amérique en 1492.*)
- Barack Obama **entered** the White House in January 2009.
  (*Barack Obama est entré à la Maison Blanche en janvier 2009.*)

Le prétérit simple est également employé pour évoquer **une série d'actions passées** coupées du moment où l'on parle :

[*Je **me suis levé** (1), **j'ai pris** une douche (2) et je **me suis habillé** (3).*]

Les actions passées ainsi évoquées apparaissent dans **l'ordre chronologique**. L'action n°1 est donc la plus éloignée du moment où l'on parle.

Exercices

1. Conjuguez les verbes entre parenthèses au prétérit simple pour raconter l'histoire du *Mayflower* :

a. The *Mayflower* (leave) .... England in September 1620.

b. It (take) .... sixty six days to reach New England.

c. The Pilgrim Fathers (drop) .... anchor in an area known as Massachussets.

d. They (explore) .... the area around Cape Cod by foot and in boats for nearly a month.

e. On December 21st, they (decide) .... on a location that they (name) .... Plymouth.

f. In March 1621, the Pilgrims (meet) .... a Wampanoag Indian named Squanto.

g. Squanto (speak) .... English. He (stay) .... with the settlers and (show) .... them how to survive.

h. During the next Autumn, the Pilgrims (celebrate) .... the first Thanksgiving.

2. Sauriez-vous dire si les européens mangeaient des pommes de terre, portaient des anoraks (etc.) avant la découverte de l'Amérique en 1492 ?

The Europeans - eat potatoes - have snowshoes - smoke tobacco - wear anoraks - make canoes - plant maize

a. .... b. ....

c. .... d. ....

e. .... f. ....

3. Sauriez-vous dire si les amérindiens montaient à cheval, buvaient de l'alcool, avaient des couteaux ou utilisaient des bouilloires en métal avant l'arrivée des européens ?

The Native Americans - ride horses - drink alcohol - have knives - use iron kettles - speak English - eat mutton

a. .... b. ....

c. .... d. ....

e. .... f. ....

33 - Le prétérit simple (2/2)

À quoi ça sert ?

On se sert du prétérit simple pour exprimer une **action qui a duré un certain temps** dans un passé coupé du moment où l'on parle. La durée est introduite par **for** qui est alors traduit par « ***pendant*** » :

(*Il **a plu pendant** trois jours la semaine dernière.*)

À savoir ▸▸ « *Pendant* » peut aussi être traduit par **during**. Mais, à la différence de **for** qui introduit la durée de l'action, **during** introduit un mot qui situe l'action dans le temps (it rained **for** three hours **during** the night / *Il a plu **pendant** trois heures **durant** la nuit.*)

L'emploi du prétérit simple est incontournable lorsque l'on veut exprimer le **temps écoulé** entre un événement passé et le moment où l'on parle. L'indication du temps écoulé est suivie de **ago**.

Ago vient de « agone », ancien participé passé irrégulier du verbe **go** qui signifie « *aller* ». Placé derrière l'indication du temps écoulé, **ago** indique ce déplacement **(go)**, ce retour en arrière dans un passé révolu. « **Temps écoulé + ago** » peut être rendu en français par « ***il y a de cela + temps écoulé*** » :

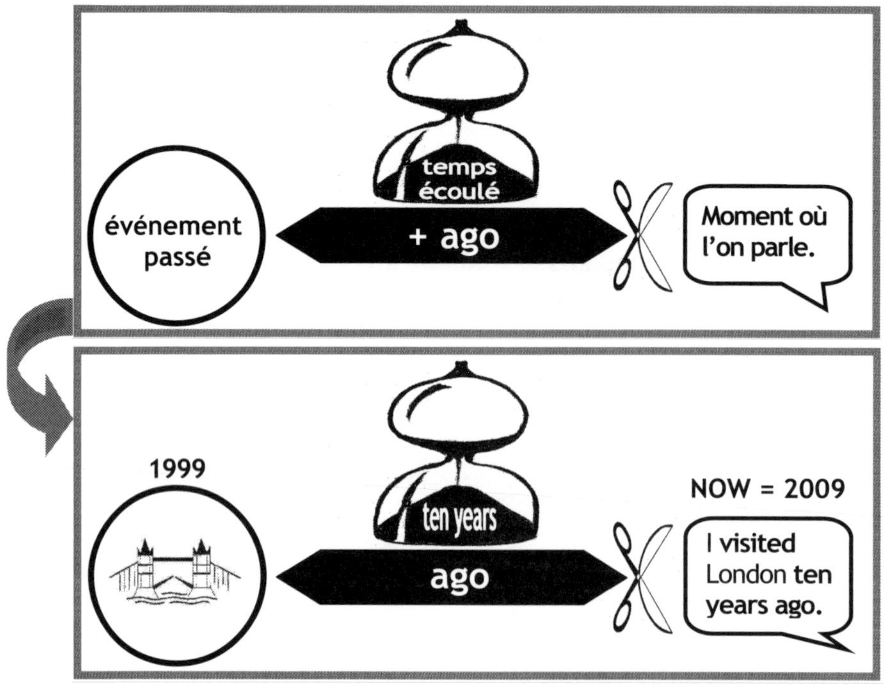

(*J'**ai visité** Londres **il y a de cela dix ans**.*)

À savoir ▸▸ Dans une phrase exprimant des propos rapportés (style indirect) au passé, il est fréquent de trouver **before** à la place de **ago** (he said he had visited London **ten years before** / *Il a dit qu'il avait visité Londres dix ans auparavant.*)

Exercices

Vous allez faire des flahs-back sur quelques événements historiques. Écrivez le temps écoulé sous le sablier, conjuguez le verbe entre parenthèses et complétez la phrase en mentionnant à nouveau le temps écoulé :

Événement historique n° 1

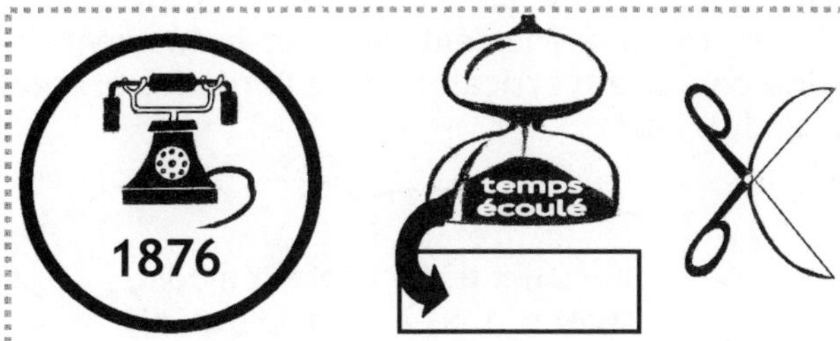

Alexander Graham Bell (invent)................ the telephone ....
....

Événement historique n° 2

The U.S.A (drop) .... the atomic bomb on Hiroshima ....
....

Événement historique n° 3

The Pilgrim Fathers (celebrate) .... the first Thanksgiving ....
....

Événement historique n° 4

Christopher Columbus (discover) .... America ....
....

Événement historique n° 5

Neil Armstrong (walk) ....on the moon
....
....

34 - Le prétérit modal
Construction et emplois

À première vue, il n'y a aucune différence entre un verbe conjugué au prétérit simple et un verbe conjugué au prétérit modal (attention cependant au verbe **be** pour lequel il est possible d'utiliser **were** à toutes les personnes dans des situations de communication très précises). **C'est au niveau de l'emploi que le prétérit modal se différencie du prétérit simple.**

Tout comme le prétérit simple, le prétérit modal exprime une **coupure**, une **rupture**. Mais au lieu d'exprimer une coupure (horizontale) entre un événement passé et le moment où l'on parle, le **prétérit modal** sert à évoquer **une coupure (verticale) entre la réalité présente et une réalité imaginaire** exprimée par un conditionnel :

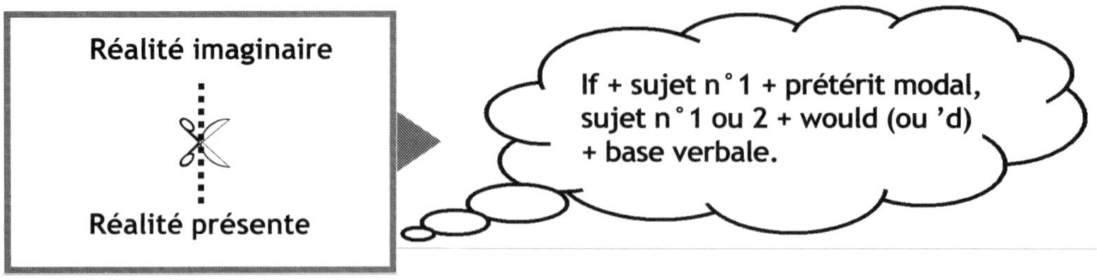

À savoir ⏩ En anglais, le conditionnel s'obtient en combinant l'auxiliaire modal **would** (à toutes les personnes) à la **base verbale**.

La **réalité imaginaire** (hypothèse) exprimée par celui qui parle peut être tout à fait **envisageable** ou complètement **utopique** :

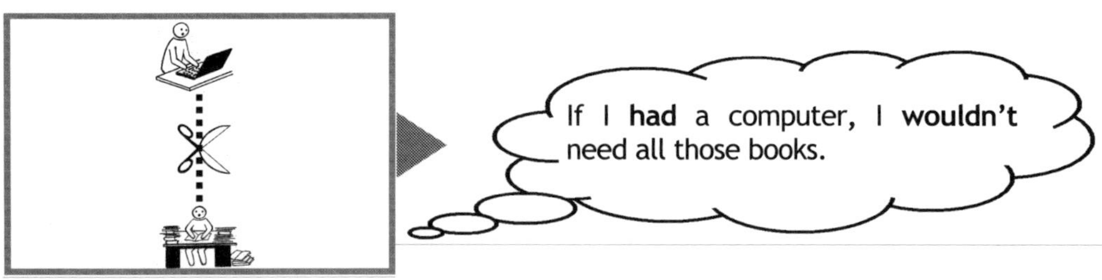

(*Si **j'avais** un ordinateur, je **n'aurais pas** besoin de tous ces livres.*) Dans cet exemple, la réalité imaginaire est envisageable.

Au contraire, dans l'exemple qui suit, elle est complètement utopique (If I **were a** millionaire, I **would** live in a castle / *si j'**étais** millionnaire, je **vivrais** dans un château.*)

On emploie également le prétérit modal pour exprimer **un regret après « I wish » ou « If only » :**

(*Je **regrette** de ne pas avoir un ordinateur.*)

(***Si seulement** j'avais un ordinateur.*)

À savoir ⏩ On peut également traduire **wish** par « aimer » au conditionnel à condition de traduire le verbe au prétérit modal par un infinitif « positif » : *J'aimerais **avoir** un ordinateur.*

Exercices

1. Remplacez les dessins par des phrases en *if* + prétérit modal en vous aidant du lexique :

be a Native American – have money – live in a tepee – buy a car

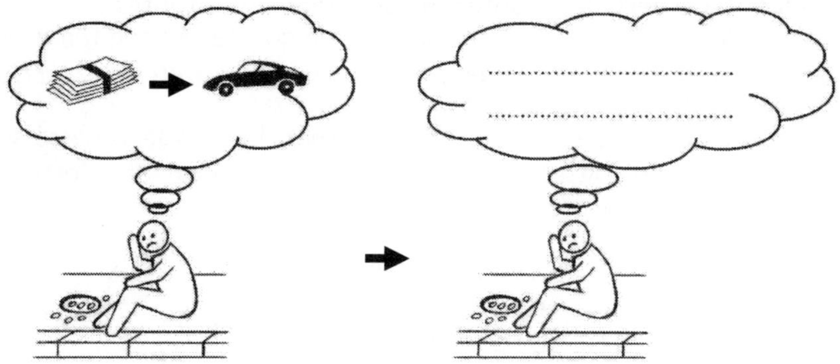

2. Retrouvez la réalité qui correspond à chacune de ces phrases :

a. If she worked hard, she would have good marks.

Réalité : ....

b. If Helen loved Mike, he would be happy.

Réalité : ....

c. If I didn't have to work, I would sleep late every day.

Réalité : ....

d. If he brushed his teeth, he wouldn't have to go to the dentist's.

Réalité : ....

3. Exprimez des regrets à partir des phrases ci-dessous :

a. I don't play the piano. ....

b. I smoke. ....

c. I am unemployed. ....

d. I don't have any friends. ....

35 - USED TO

Comment ça marche ?

Les ressemblances sont troublantes entre **used to** et le prétérit simple. En effet, ces deux outils utilisent la terminaison **'ed'** à la forme affirmative et l'auxiliaire **did** aux formes négative et interrogative. Mais il y a une différence importante qui les sépare : avec **used to**, le problème des verbes irréguliers ne se pose pas.

En effet, le verbe **(base verbale à toutes les personnes et à toutes les formes)** est introduit par **to** qui trace ici le chemin vers une période passée qui « a fait son temps » **(used).**

Voici comment se conjugue cet outil avec le verbe **work** (*travailler ou fonctionner avec **it***) :

- À **la forme affirmative**, l'auxiliaire **did** est absent. Le renvoi au passé se fait par le biais de la **terminaison 'ed'**. Attention ! **'ed'** (plus précisément **'d'**) n'est pas « collé » sur la base verbale mais sur **use** :

I	use**d** to	work
You	use**d** to	work
He/she/it	use**d** to	work
We	use**d** to	work
They	use**d** to	work

➜ 

- À la **forme négative pleine**, l'auxiliaire **did** précède la forme pleine de la négation **(not)** suivie de **use to + base verbale** : I/you/he/she/it/we/they **did not** use to work.

- À la **forme négative contractée**, on « colle » la forme contractée de **not (n't)** sur **did.** Ce « collage » est suivie de **use to + base verbale** :

I	didn't	use to	work
You	didn't	use to	work
He/she/it	didn't	use to	work
We	didn't	use to	work
They	didn't	use to	work

➜ 

- À **la forme interrogative**, l'auxiliaire **did** se place **devant le sujet** pour **marquer l'interrogation** :

Did	I	use to	work?
Did	you	use to	work?
Did	he/she/it	use to	work?
Did	we	use to	work?
Did	they	use to	work?

➜ 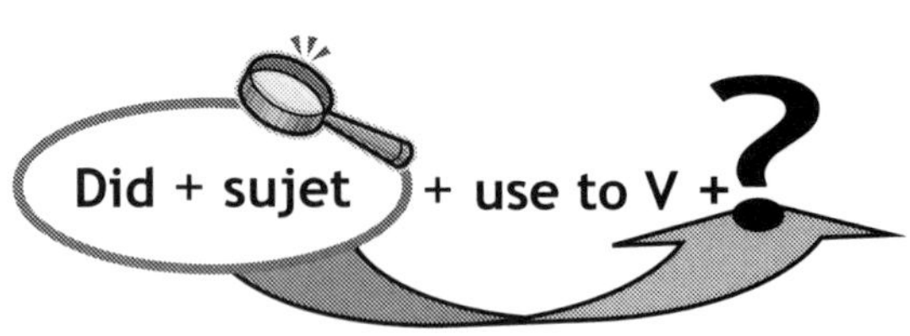

- Dans **les réponses courtes** (pour répondre par « **oui** » ou par « **non** »), il suffit de reprendre l'auxiliaire **did** à la forme affirmative ou négative précédé du pronom personnel adéquat :

  - **Did** you use to wear glasses? Yes, I **did** (***oui***) / No, I **didn't** (***non***).
  - **Did** he use to smoke? Yes, he **did** (***oui***) / No, he **didn't** (***non***).

Exercices

1. Réécrivez les phrases avec USED TO en procédant aux transformations nécessaires :

a. He worked in a bank. ....
b. They lived in a tent. ....
c. I had dark hair. ....
d. She played the piano. ....

2. Réécrivez les phrases à la forme négative contractée :

a. He used to write poems. ....
b. I used to smoke. ....
c. They used to be married. ....
d. She used to wear glasses. ....

3. Retrouvez les questions à l'origine des réponses ci-dessous :

a. ....? Yes, I used to live in England.
b. ....? No, I used to work in a factory.
c. ....? Yes, she used to be a teacher.
d. ....? No, they used to be rich.

4. Imaginez les questions à l'origine de ces réponses courtes :

a. ....? Yes, I did.
b. ....? No, I didn't.
c. ....? Yes, they did.
d. ....? No, she didn't.

5. Complétez les phrases avec un des mots proposés :

did - didn't - used - live - use - to be - to be in love

a. They .... to go to London once a year.
b. .... you use to live in that house?
c. The Inuit used to .... in igloos.
d. The Inuit .... use to live in houses.
e. I didn't .... to drink alochol.
f. .... you use .... so fat?
g. I used .... with her.

36 - USED TO

À quoi ça sert ?

Tout comme le prétérit simple, **used to** renvoie à un passé révolu complètement coupé du moment où l'on parle. Mais la comparaison s'arrête là. En effet, avec **used to**, il n'est pas possible d'évoquer une action passée ponctuelle. On ne pourra donc pas utiliser cet outil pour dire : « *Il a plu hier*.» Ce qui fait la spécificité de **used to**, c'est de **mettre en relief une « tranche de vie » passée qui « tranche » avec la vie actuelle**.

C'est d'ailleurs ce qui distingue cet outil de ce qu'on appelle le « **would fréquentatif** » qui se limite à souligner le comportement caractéristique d'une personne dans une période passée (he **would smoke** two packs of cigarettes a day / *Il fumait deux paquets de cigarettes par jour*).

En résumé, l'emploi de **used to** est justifié chaque fois que celui qui parle évoque une **situation passée qui a duré un certain temps et qui n'est plus vraie dans le présent** :

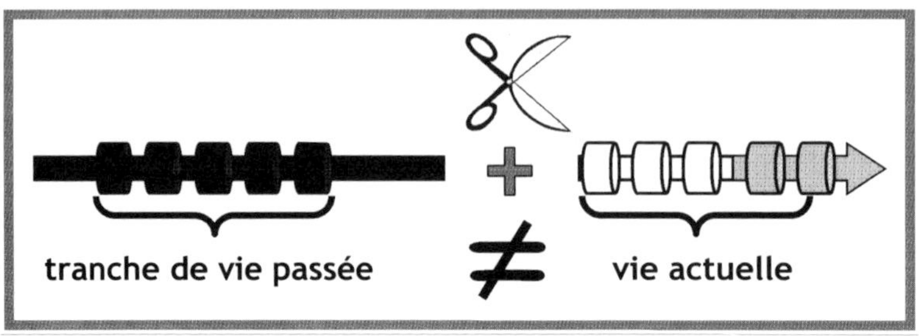

Used to peut exprimer une **opposition**, un **contraste** entre le passé et la vie actuelle. En français, on a recours à un verbe conjugué à l'imparfait combiné à un adverbe tel que « autrefois », « avant » ou « jadis » :

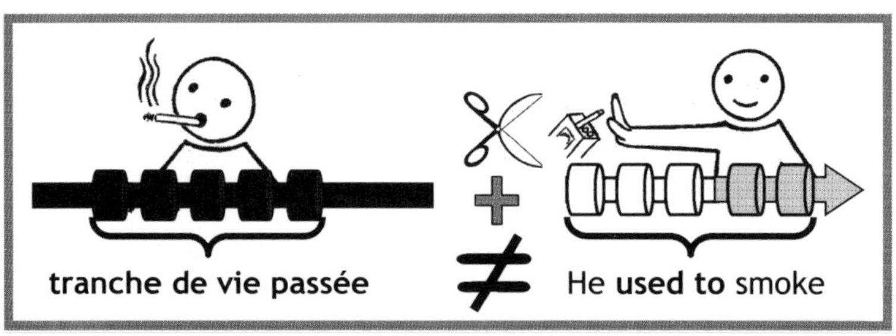

(*Avant*, *il* ***fumait***.)

On peut aussi utiliser **used to** pour évoquer un **changement important** entre une époque révolue et la vie actuelle :

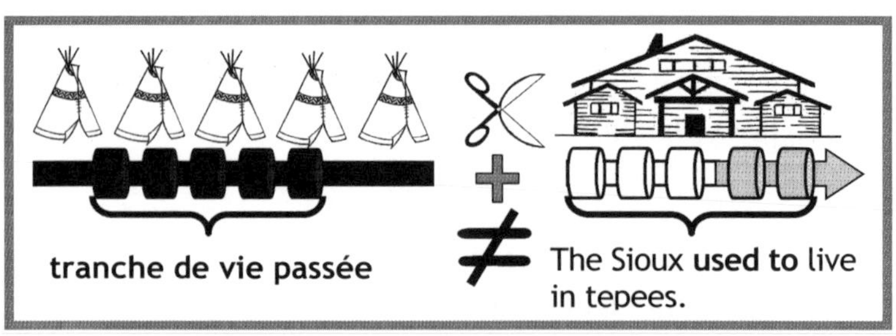

(***Autrefois***, *les Sioux* ***vivaient*** *dans des tipis.*)

À savoir ⏩ **Used to + base verbale** n'a rien à voir avec **be used to + V+ing** (voir p. 12). Avec **be used to + V+ing**, on parle d'une activité **(V+ing)** que l'on a l'habitude **(used)** de faire. Dans cette tournure, **used** est utilisé comme un adjectif.

Exercices

1. Repérez les changements entre le passé et le présent et faites parler les personnages en vous aidant du lexique :

be bald – wear glasses – have a big nose – have long hair

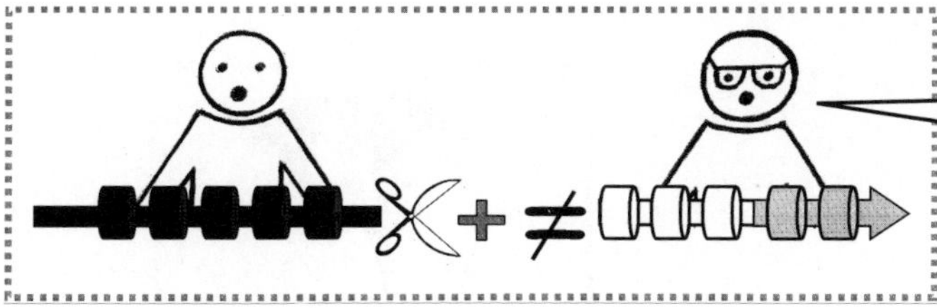

a. ....

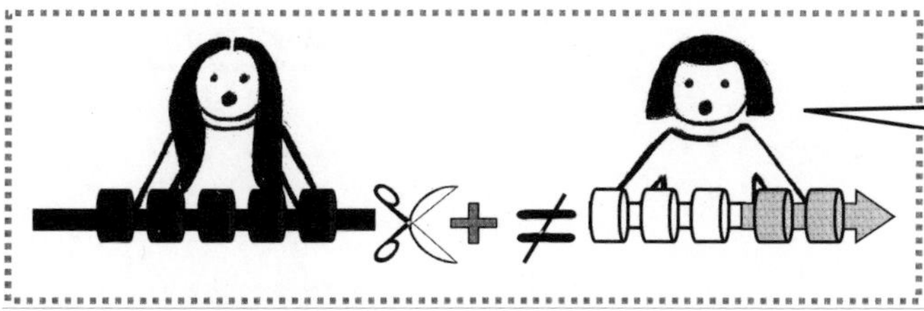

b. ....

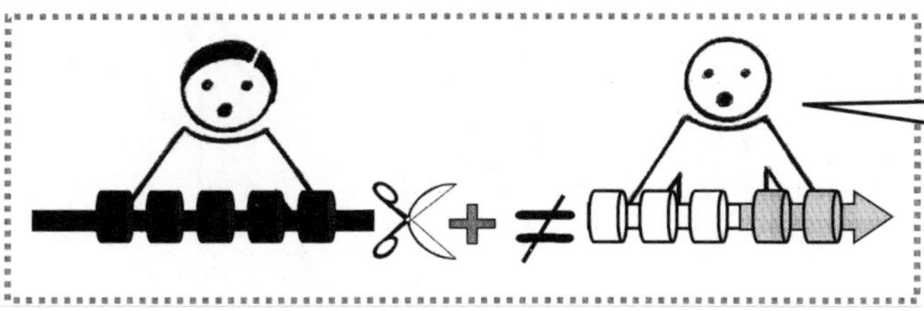

c. ....

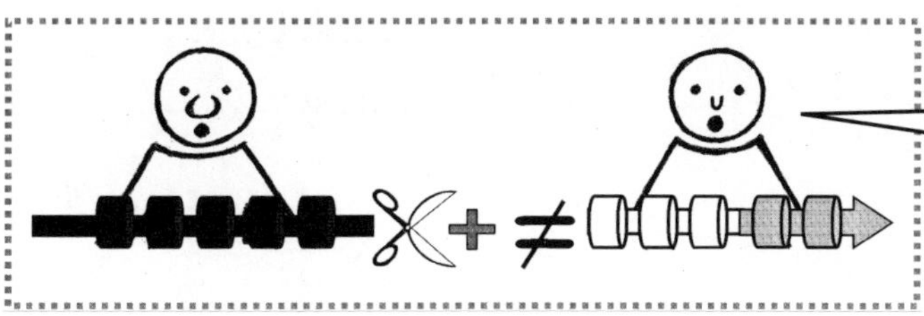

d. ....

2. Faites des phrases exprimant un contraste entre le passé et le présent à partir des amorces ci-dessous :

a. Now, he speaks English. ....

b. Now, they are poor. ....

c. Now, I have good marks. ....

d. Now, she reads a lot. ....

e. Now, he is bald. ....

f. Now, she has a job. ....

g. Now, they live in a house. ....

h. Now, he is married. ....

i. Now, he can see. ....

Séquence de révision n° 6

1. Faites des phrases exprimant ce que vous feriez si vous aviez à faire face à ces situations :

meet an alien being – find a wallet in the street – be on a desert island – win on the lottery

a. ....
....

b. ....
....

c ....
....

d. ....
....

score ..../4

2. Réécrivez les phrases avec *ago* :

a. Jack died in 1996. ....
b. He was born in 1930. ....
c. They got married in 1960. ....
d. I met Ann in 1989. ....

score ..../4

3. Réécrivez les phrases avec *use to* ou *used to* :

a. Did you wear glasses? ....
b. Did you have grey hair? ....
c. Were you fat? ....
d. He smoked too much. ....

score ..../4

Séquence de révision n°6

4. Retrouvez l'ordre chronologique de ces actions passées en les numérotant de 1 à 4. Ensuite, faites des phrases pour raconter ce qui est arrivé à Tom la nuit dernière :

hear a noise – have a nightmare – get up – go downstairs – see a ghost and scream - happen

a. ☐

b. ☐

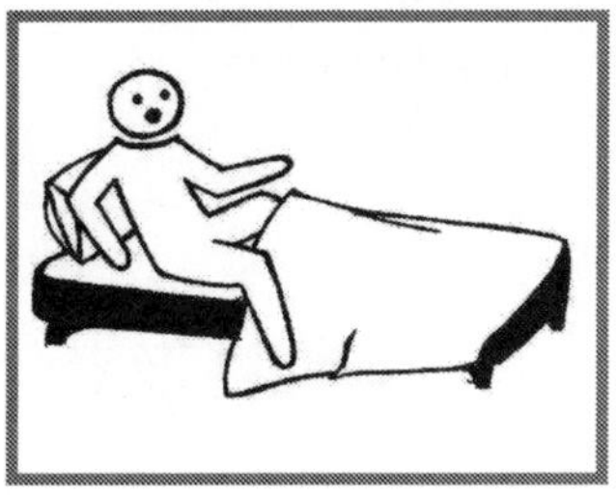

c. ☐

d. ☐

1. Last night, ...
2. ....
3. ....
4. ....
5. In fact, all that didn't ....
6. Tom ....

score .../10

5. Racontez le dernier cauchemar que vous avez fait dans la bulle :

....

....

....

....

....

score ..../3

37 - Le prétérit en be-ing

Comment ça marche ?

Comme son nom l'indique, le prétérit en be-ing est l'association de la forme **be-ing** et du **prétérit.** Il se conjugue avec l'auxiliaire **be** au prétérit **(was, were)** et la terminaison **'ing'** à la fin du verbe **(V+ing).** Les verbes en **e** perdent leur voyelle finale (come ➡ com**ing**) et il y a un doublement de consonne pour les verbes dont la consonne finale est précédée d'une voyelle (get ➡ getting). Voici comment se conjugue cet outil avec le verbe work (*travailler ou fonctionner avec **it***) :

- À **la forme affirmative**, l'auxiliaire **be (was, were)** se trouve entre le sujet et le verbe en **'ing'. Was** et **were** ne se contractent pas (I/he/she/it **was** working, you/we/they **were** working).

À savoir ⏩ Cachez **working** dans les trois tableaux ci-dessous, et vous obtiendrez les conjugaisons du verbe **be** au prétérit simple (voir p. 14) :

I	was	working
You	were	working
He/she/it	was	working
We	were	working
They	were	working

⬇ **Auxiliaire be**

I	was
You	were
He/she/it	was
We	were
They	were

⬇ **Verbe be**

- À **la forme négative pleine**, l'auxiliaire **be (was, were)** précède la forme pleine de la négation **(not)** suivie du verbe **(V+ing)** : I/he/she/it **was not** working, we/you/they **were not** working.

- À **la forme négative contractée**, on « colle » la forme contractée de **not (n't)** sur l'auxiliaire **be (was, were)**. Ce « collage » est suivi du verbe **(V+ing)** :

I	wasn't	working
You	weren't	working
He/she/it	wasn't	working
We	weren't	working
They	weren't	working

➡

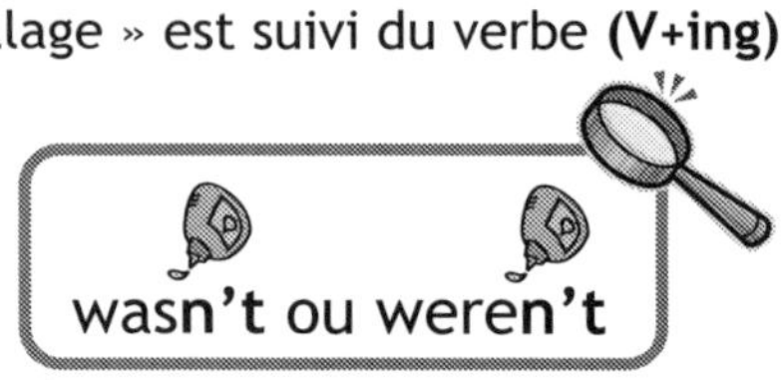

- À **la forme interrogative**, l'auxiliaire **be (was, were)** se place **devant le sujet** pour **marquer l'interrogation** :

Was	I	working?
Were	you	working?
Was	he/she/it	working?
Were	we	working?
Were	they	working?

➡

- Dans **les réponses courtes** (pour répondre par « **oui** » ou par « **non** »), il suffit de reprendre l'auxiliaire **be (was, were)** à la forme affirmative ou négative précédé du pronom personnel adéquat (attention aux questions en « **were + you?** ») :

  - **Were** you working? Yes, **I was (*oui*)** / No, I **wasn't (*non*)**.
  - **Were** they working? Yes, they **were (*oui*)** / No, they **weren't (*non*)**.
  - **Was** it working? Yes, it **was (*oui*)** / No, it **wasn't (*non*)**.

Exercices

1. **Réécrivez les phrases au prétérit en be-ing :**
   a. It's snowing. ....
   b. I'm having a shower. ....
   c. They're watching TV. ....
   d. He's getting into the bus. ....

2. **Réécrivez les phrases à la forme négative contractée :**
   a. I was not sleeping. ....
   b. They were not working. ....
   c. She was not listening. ....
   d. We were not chattering. ....

3. **Réécrivez les phrases à la forme interrogative :**
   a. It was freezing. ....
   b. They were going to the cinema. ....
   c. You were reading the newspaper. ....
   d. We were waiting. ....

4. **Conjuguez les verbes entre parenthèses au prétérit simple ou au prétérit en be-ing :**
   a. It (not rain) .... last week.
   b. It (not rain) .... yesterday at 5 p.m.
   c. I (have) .... a shower and I (phone) .... Ann.
   d. I (have) .... breakfast when I (hear) .... the news.

5. **Faites des réponses courtes :**
   a. Were you doing your homework last night at 3 a.m? ....
   b. Were you doing your homework yesterday at 6 p.m? ....
   c. Was your mother cooking dinner yesterday at 8 p.m? ....
   d. Were you playing on your computer yesterday at 11 p.m? ....

6. **Imaginez les questions qui ont pu provoquer ces réponses courtes :**
   a. ....? Yes, I was.
   b. ....? No, I wasn't.
   c. ....? Yes, she was.
   d. ....? No, they weren't.

38 - Le prétérit en be-ing

À quoi ça sert ?

Dans « **prétérit en be-ing** », il y a « **be-ing** » (pour exprimer un « regard » sur une activité) et « **prétérit** » (pour « ressusciter » le passé).

Le prétérit en be-ing sert donc à « **jeter un œil** » ou « **faire un gros plan** » **sur une activité (V+ing) qui était en cours de déroulement dans un contexte passé (was/were).** Il est donc toujours traduit par un verbe à l'imparfait. Il est utilisé :

- pour parler d'une activité qui se déroulait **à un instant précis du passé** :

(*Je* ***regardais*** *la télé hier à vingt-trois heures.*)

L'activité « **watching TV** » n'est pas réduite à l'heure « **11 p.m** ». Elle a commencé avant et s'est sans doute terminée après. L'heure n'est donc qu'un **point de repère** qui permet de situer l'activité dans le passé.

- pour demander à quelqu'un de **s'expliquer** ou de **se justifier** (le prétérit en be-ing est un grand « fournisseur d'alibis ») :

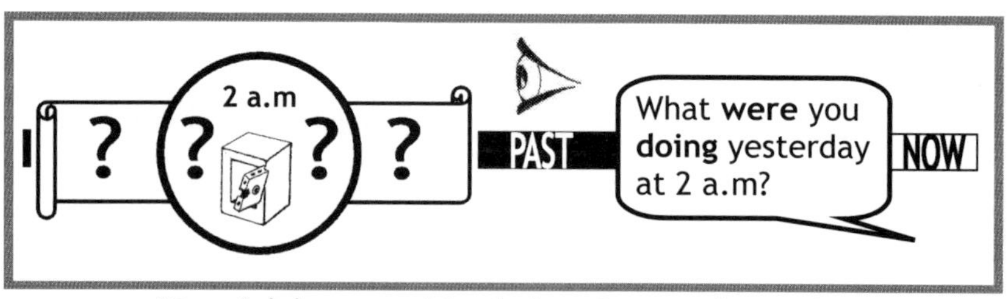

(*Que* ***faisiez****-vous hier à deux heures du matin ?*)

On peut imaginer qu'à cette question posée par un inspecteur de police, le suspect réponde : "I **was sleeping.**" (*Je* ***dormais****.*)

- pour dire dans quel **cadre**, dans quelles **circonstances (prétérit en be-ing)** un événement passé **(prétérit simple)** s'est produit :

(*Il* ***pleuvait*** *quand il a eu un accident de voiture.*)

À savoir ⏩ Dans certaines situations, l'événement passé met un terme à l'activité qui était en cours de déroulement (**he was phoning** when he **had** a car accident / ***Il téléphonait*** *quand il a eu un accident de voiture*).

Exercices

Zoomez sur ces situations passées en utilisant les prétérits qui conviennent :

sunbathe/storm break – play the cello/string snap – have a shower/phone ring – mow the lawn – phone in his car/policeman stop

a. ....

b. ....

c. ....

d. ....

e. ....

39 - Le past perfect
Comment ça marche ?

Comme son nom l'indique, le past perfect est la « version passée » (en anglais **past** signifie *passé*) du present perfect.

Il se construit avec l'auxiliaire **have** au prétérit (**had** à toutes les personnes) associé au **participe passé** d'un verbe (**V+ed** ou **3** **colonne** de la liste des verbes irréguliers).

Voici comment se conjugue le past perfect avec le verbe **work** (*travailler ou fonctionner avec* ***it***) qui représente les verbes réguliers et le verbe **be** (*être*) qui représente les verbes irréguliers :

- À **la forme affirmative** (pleine et contractée), l'auxiliaire **had** se trouve entre le sujet et le verbe : I/you/he/she/it/we/they **had** worked ou been.

La forme affirmative contractée

I	'd	worked	been
You	'd	worked	been
He/she/it	'd	worked	been
We	'd	worked	been
They	'd	worked	been

➔ 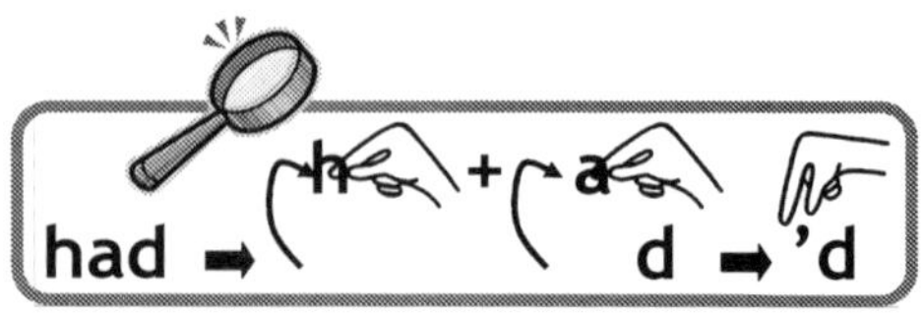

- À **la forme négative pleine**, l'auxiliaire **had** précède la forme pleine de la négation **(not)** : I/you/he/she/it/we/they **had not** worked ou been.

- À **la forme négative contractée**, on « colle » la forme contractée de **not (n't)** sur l'auxiliaire **had**. Ce « collage » est suivi du verbe **(V+ed** ou **3e colonne de la liste)** :

I	hadn't	worked	been
You	hadn't	worked	been
He/she/it	hadn't	worked	been
We	hadn't	worked	been
They	hadn't	worked	been

➔ 

- À **la forme interrogative**, l'auxiliaire **had** se place **devant le sujet** pour **marquer l'interrogation :**

Had	I	worked	been?
Had	you	worked	been?
Had	he/she/it	worked	been?
Had	we	worked	been?
Had	they	worked	been?

➔ 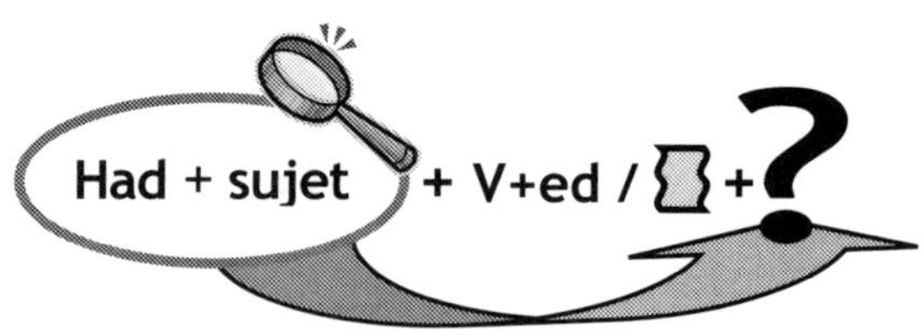

- Dans **les réponses courtes** (pour répondre par « **oui** » ou par « **non** »), il suffit de reprendre l'auxiliaire **had** à la forme affirmative ou négative précédé du pronom personnel adéquat :

  - **Had** you finished? Yes, I **had** (***oui***) / No, I **hadn't** (***non***).
  - **Had** they arrived? Yes, they **had** (***oui***) / No, they **hadn't** (***non***).

Exercices

1. Réécrivez les phrases au past perfect :

a. It has rained. ....

b. I have met her. ....

c. I have done the dishes. ....

d. They have finished. ....

2. Réécrivez les phrases à la forme négative contractée :

a. I had not eaten. ....

b. She had not understood. ....

c. He had not made his bed. ....

d. They had not got married. ....

3. Réécrivez les phrases à la forme interrogative :

a. You'd told me the truth. ....

b. He'd missed the bus. ....

c. She'd seen him. ....

d. They'd prepared the meal. ....

4. Conjuguez les verbes entre parenthèses au prétérit simple ou au past perfect :

a. It (stop) .... raining when he (arrive) ....

b. He (say) .... he (meet) .... Kate.

c. She said she (play) .... the piano for eight years.

d. He (ask) .... me what I (do) ....

5. Complétez les phrases avec les auxiliaires HAVE/HAS ou HAD :

a. He is sad because his girlfriend .... left him.

b. He was sad because his girlfriend ....left him.

c. My father limped with his left leg because he .... had an accident in a coalmine.

d. If you .... called me, I would .... helped you.

6. Imaginez les questions qui ont pu provoquer ces réponses courtes :

a. ....? Yes, I had.

b. ....? No, I hadn't.

c. ....? Yes, she had.

d. ....? No, they hadn't.

40 - Le past perfect
À quoi ça sert ?

Les mots « **past** » (passé) et « **perfect** » (accompli) renvoient tous deux au passé. Rien d'étonnant donc à ce que le past perfect soit généralement traduit par un **plus-que-parfait** ou « **avoir + participe passé** ». On l'utilise :

- pour **évoquer un état** (ou une action) **passé (1) antérieur à un autre (2) :**

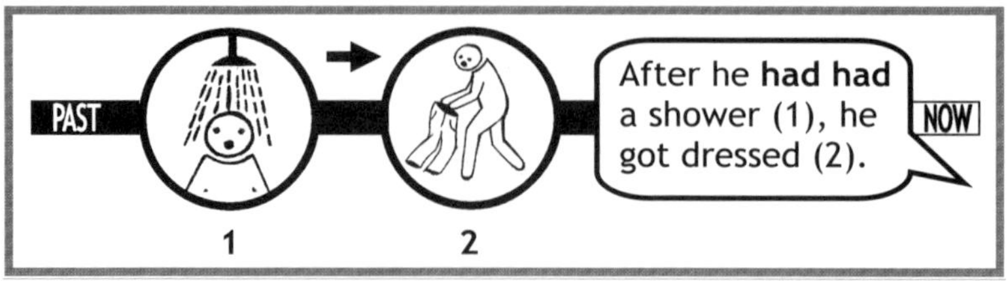

[*Après **avoir pris** sa douche (1), il s'habilla (2).*]

- pour **faire un bilan dans le passé.** À l'image du present perfect, le past perfect est alors associé à des adverbes ou expressions tels que **already**, **yet**, **never**, **for**, **since**, **just**, etc. :

[*Il **avait conduit** pendant cinq heures (1) quand il a eu un accident de voiture (2).*]

Associé à **just**, le past perfect se traduit par ***venir* à l'imparfait suivi d'un verbe à l'infinitif** (he **had just gone to bed** when the phone rang / ***il venait de se coucher*** *quand le téléphone a sonné.*)

À savoir ⏩ Comme avec le present perfect (voir pp. 80 et 82), il est possible d'associer le past perfect à la forme en **be-ing** si l'on souhaite faire entendre un point de vue.

On conserve l'auxiliaire **had** et on remplace le participe passé par le bloc **been + V+ing** à toutes les personnes et à toutes les formes [he **had been drinking** like a fish (1) when he went into a coma (2) / *Il **avait bu** comme un trou (1) quand il est tombé dans le coma (2)*].

- pour **rapporter les propos de quelqu'un** (style indirect) si ces derniers ont été dits avec des verbes conjugués au prétérit simple ou au present perfect :

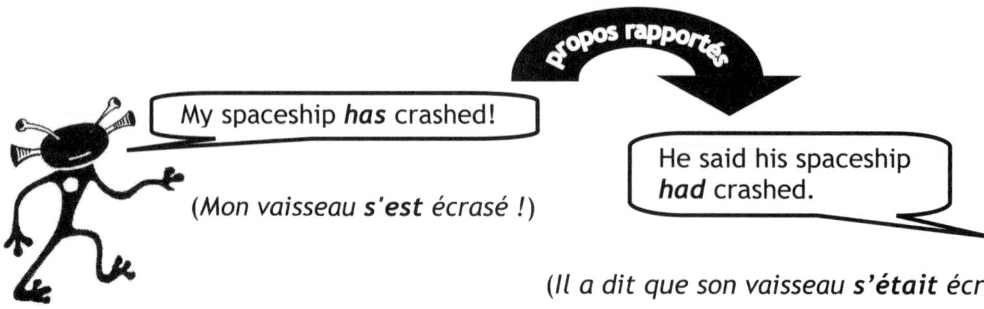

(*Mon vaisseau **s'est** écrasé !*)

(*Il a dit que son vaisseau **s'était** écrasé.*)

Exercices

1. Pour chaque situation, retrouvez la chronologie des actions et écrivez une phrase comportant un verbe au past perfect et un verbe au prétérit simple :

already, go to bed / phone, ring – have breakfast / go to school – Christopher Columbus, travel for three months / spot the Caribbean Islands

a. ....

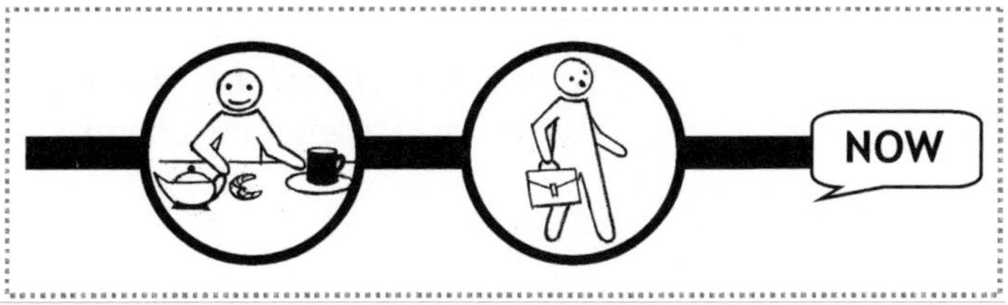

b. ....

c. ....

2. Conjuguez les verbes entre parenthèses au past perfect ou au prétérit simple :

a. The train (already, leave) .... when he (arrive) .... at the station.

b. Peter (say) .... he (stop) .... smoking.

c. After he (do) .... his homework, he (watch) .... a film on TV.

d. They (have) .... a car for only two days when they (have) .... a car accident.

e. They (live) .... together for twenty years when they (decide) .... to get divorced.

f. It (be) .... the first time he (see) .... such a beautiful woman.

g. Yesterday, my father (punish) .... me because I (have) .... a bad mark.

41 - La voix active et la voix passive

Construction et emplois

1. La voix active

Dans une phrase à la voix active, celui qui parle choisit de « faire un gros plan » sur celui ou celle **(l'agent)** qui expose une personne ou un objet à son action **en le mettant en position de sujet** :

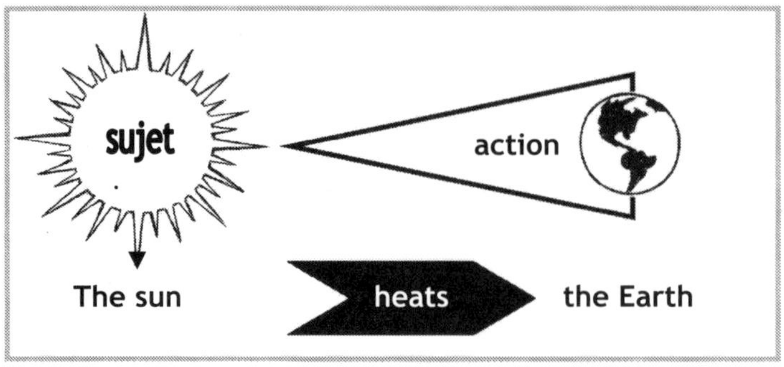

(*Le soleil* ***chauffe*** *la terre.*)

<u>Exemple</u> : The Native Americans often **ate** pups / *les amérindiens mangeaient souvent des chiots.* La voix active **met en avant** un aspect peu connu des mœurs culinaires amérindiennes.

2. La voix passive

La voix passive (plus fréquemment utilisée en anglais qu'en français) se construit avec l'auxiliaire **be (am/are/is, was/were, have/has been, am/are/is being, was/were being, will be, had been, etc.)** associé au participe passé du verbe (**V+ed** ou **3e colonne** de la liste des verbes irréguliers).

Dans une phrase à la voix passive, **celui qui parle choisit de « faire un gros plan »** sur « l'objet » (au sens large) qui est exposé à l'action du **complément d'agent** (introduit par la préposition **by**) **en le mettant en position de sujet** :

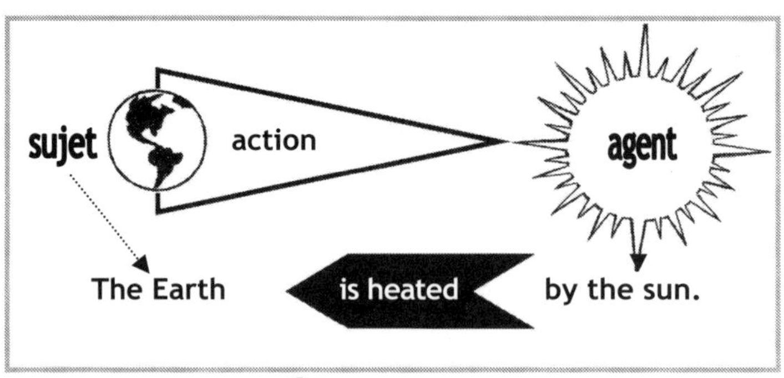

(*La terre* ***est chauffée*** *par le soleil.*)

Bien que « the Earth » soit **le sujet** de la phrase (appelé **sujet grammatical** ou **sujet apparent**), on voit bien que c'est toujours le soleil qui chauffe la terre. L'inversion des mots ne correspond absolument pas à une inversion des rôles. Elle permet par contre d'exprimer **un point de vue différent.**

<u>Exemple</u> : Pups **were eaten** by the Native Americans / *les chiots* ***étaient mangés*** *par les amérindiens.* La voix passive **met en avant** le sort des (*pauvres*) chiots chez les amérindiens (*des sauvages !*). Utiliserait-on la voix passive pour parler de la viande de bison qu'ils consommaient aussi ?

Exercices

Regardez ces images puis écrivez des phrases à la voix passive ou à la voix active à partir des gros plans :

break/housemaid/lamp – eat/goldfish/cat – kidnap/alien beings/man – bite/dog/man

a. .... b. ....

c. .... d. ....

e. .... f. ....

g. .... h. ....

Séquence de révision n° 7

1. Ces phrases traitent de la politique de ségrégation qui était menée dans certains États sudistes des États-Unis dans les années 1950. Conjuguez les verbes entre parenthèses à la voix active ou à la voix passive :

a. In the 1950's, the American South (segregate) ....

b. Blacks and Whites (keep) .... separate.

COLORED ONLY — WHITES ONLY

c. Black children (educate) .... in separate schools.

d. Their schools (often/build) .... by their parents.

e. Black people (treat) .... in separate hospitals.

f. They (watch) .... films in separate cinemas.

g. They (eat) .... in separate restaurants.

h. They (drink) .... at separate water fountains.

i. They (sit) .... on separate benches.

j. They (bury) .... in separate cemeteries.

k. Their civil rights (deny) ....

score .../11

2. L'arrestation de Rosa Parks dans un bus de la ville de Montgomery en décembre 1955 est à l'origine de l'engagement de Martin Luther King dans la lutte pour les droits civiques des Noirs américains. Conjuguez les verbes entre parenthèses au prétérit en be-ing ou au past perfect :

a. As the bus (fill) ...., a mobile barrier was pushed back by the driver to make room for white passengers.

COLORED SECTION — WHITE SECTION

b. The first four rows of the bus (fill) .... with white passengers when the driver asked Rosa Parks to move back.

c. She didn't move back. The driver called the police and Rosa Parks was arrested because she (refuse) .... to give up her seat.

d. Twelve years before, Rosa Parks (be thrown off) .... a bus by the same driver.

e. After Black Americans (boycott) .... the Montgomery buses for over a year, the Supreme Court affirmed that the bus segregation laws of Montgomery were unconstitutional.

f. Martin Luther King (become) .... the acknowledged leader in the civil rights struggle.

score..../6

3. Retrouvez dans quelles circonstances Abraham Lincoln, John Fitzgerald Kennedy et Martin Luther King ont été assassinés à partir des informations ci-dessous. Écrivez sur les pointillés :

Lieux : on a hotel balcony - in his open-topped car - at Fords theater
Actions : stand - watch the play *Our American Cousin* - travel through the main business area in Dallas

a. Abraham Lincoln ....
....
..............................when

he was shot in the back of the head.

PAST NOW

b. Martin Luther King ....
....
..............................when

he was shot in the neck.

PAST NOW

c. John Fitzgerald Kennedy ..
....
..............................when

he was shot in the head and throat.

PAST NOW

score..../3

4. Retrouvez des questions susceptibles de déclencher ces réponses :

a. ....? I was doing the shopping.

b. ....? She was cooking dinner.

c. ....? Yes, I was.

d. ....? No, we weren't.

e. ....? It was raining.

Score..../5

42 - Le modal MUST

Comment ça marche ?

Must est avant tout un **auxiliaire** que l'on associe à une base verbale. On le retrouvera donc dans un rôle d'auxiliaire « classique » aux formes négative et interrogative. Ce qui le distingue d' auxiliaires tels que **be**, **have** et **do**, c'est qu'il est **invariable** (voir explication p. 6) et **traduit** (le plus souvent par « *devoir* » et « *être obligé de* »).

Le fait que l'auxiliaire **must** soit traduit permet de comprendre pourquoi il est qualifié de **« modal »**. Qui dit **« modal »** dit **« modalité »**, c'est-à-dire **« manière »** et plus précisément **« manière de penser »** ou **« manière de voir les choses »** (voir p. 18). Or, on ne voit pas comment un auxiliaire « non porteur de sens » pourrait exprimer la manière de penser **(le point de vue)** de **celui qui parle**. Pour autant, l'auxiliaire modal n'a rien à voir avec un verbe. En effet, le verbe évoque ce que fait le sujet (voir p. 6) alors que **l'auxiliaire modal (qui représente celui qui parle** dans la phrase) **est là pour indiquer au sujet** ce qu'il doit **(must)**, devrait **(should)** ou peut **(can)** faire.

Voici comment se « conjugue » **must** avec les verbes **work** (*travailler*), **smoke** (*fumer*) et **stay** (*rester*). Étant donné qu'on ne fait pas pression sur un objet, **it** est absent des conjugaisons ci-dessous. On utilise essentiellement ce pronom pour faire des hypothèses (**it must be the postman** / *ce doit être le facteur*).

- À **la forme affirmative** (obligatoirement pleine étant donné que **must** ne se contracte pas), l'auxiliaire de modalité **must** se trouve entre le sujet et la base verbale : I/you/he/she/we/they **must** work.

À savoir

- Pour évoquer une **obligation dans le passé** (due aux circonstances du moment), on remplace **must** par **had + to** (**I had to get up early last Friday** / *Il a fallu que je me lève tôt vendredi dernier*). Aux formes négative et interrogative, **had to** devient **have to** associé à l'auxiliaire **did/didn't** (voir p. 90).

- Pour évoquer une **obligation future**, on remplace **must** par **will + have + to** (**I will have to get up early tomorrow** / *Il va falloir que je me lève tôt demain*).

- À **la forme négative pleine**, **must** précède la forme pleine de la négation **(not)** : I/you/he/she/we/they **must not** smoke.

- À **la forme négative contractée**, on « colle » la forme contractée de **not (n't)** sur **must** :

I	mustn't	smoke
You	mustn't	smoke
He/she	mustn't	smoke
We	mustn't	smoke
They	mustn't	smoke

➜

- À **la forme interrogative**, l'auxiliaire modal **must** se place **devant le sujet** pour **marquer l'interrogation** :

Must	I	stay?
Must	you	stay?
Must	he/she	stay?
Must	we	stay?
Must	they	stay?

➜

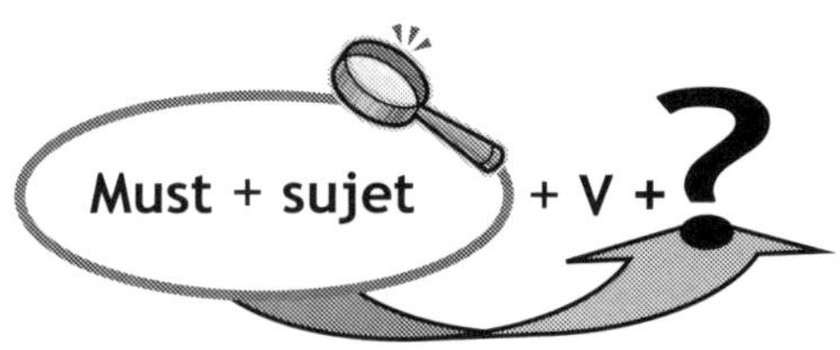

Exercices

1. Réécrivez les phrases avec MUST ou MUSTN'T :

a. The windows aren't opened. ....

b. It is the postman. ....

c. He is joking. ....

d. You don't phone in a hospital. ....

2. Réécrivez les phrases à la forme négative contractée :

a. You must not take photos. ....

b. You must not drink alcohol. ....

c. You must not smoke here. ....

d. You must not do that. ....

3. Réécrivez les phrases à la forme interrogative :

a. I must stay. ....

b. I must do it again. ....

c. You must go now. ....

d. I must tell her. ....

4. Réécrivez les phrases pour exprimer des obligations passées :

a. He must go to hospital. ....

b. They must get up early. ....

c. He must cancel the party. ....

d. She must call the breakdown service. ....

5. Réécrivez les phrases à la forme interrogative :

a. You had to go to the dentist's. ....

b. She had to buy a new car. ....

c. They had to stay in a hotel. ....

d. He had to follow a diet. ....

6. Réécrivez les phrases pour exprimer des obligations futures :

a. I must lose weight. ....

b. They must move into a new flat. ....

c. He must work on Sundays. ....

d. She must find a nanny. ....

43 - Le modal MUST

À quoi ça sert ?

On utilise l'auxiliaire modal **must** pour « **faire pression** » sur quelqu'un. À la forme affirmative, **celui qui parle « pousse » son interlocuteur vers la réalisation d'une action** (représentée par la base verbale).

Il y a « poussée » du côté de celui qui parle car il y a souvent une résistance ou forte volonté contraire du côté de l'interlocuteur :

(*Vous devez* *arrêter de fumer*.)

▸ On peut bien entendu exercer une pression sur soi-même et ainsi combattre sa propre volonté (I **must** stop smoking / *Je* ***dois*** *arrêter de fumer*).

À la forme négative (pleine ou contractée), **celui qui parle « pousse » son interlocuteur vers la non-réalisation d'une action.** Il veut l'éloigner de la base verbale. On parle alors d'**interdiction** :

(***Vous ne devez pas*** *toucher le ballon avec les mains !*)

▸ En rappelant le règlement au joueur, l'arbitre veut l'empêcher de recommencer.

On peut aussi utiliser le modal **must** (à la forme affirmative uniquement) pour exprimer une **forte certitude**, une **conviction.** Si par exemple celui qui parle sait que Sam est malade, il dira : " **Sam is ill** " (le verbe est directement conjugué).

S'il y a un **décalage infime** (0,1 % d'incertitude) entre « **ce qu'il croit être la réalité** » et « **ce qui est vraiment** », il intercalera alors le modal **must** entre le sujet **(Sam)** et le verbe **(be)** pour émettre une **hypothèse** (une [forte] probabilité). Avec **must**, les propos de celui qui parle ne reposent pas sur des critères objectifs. Ils traduisent simplement une **manière de voir les choses (manière ➡ mode ➡ modalité)** :

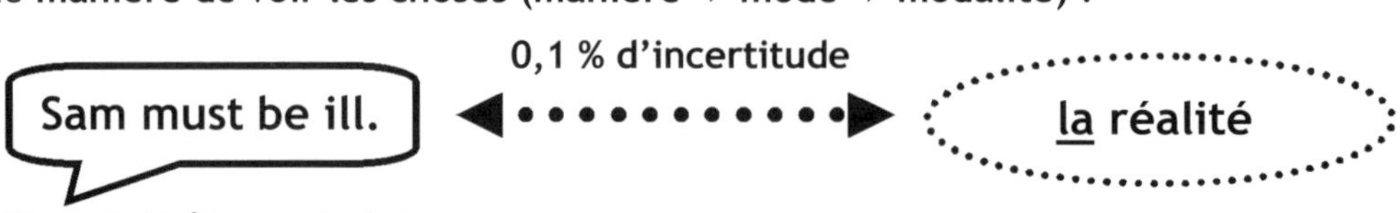

(*Sam* ***doit être*** *malade*.)

À savoir ⏩ Pour exprimer un **décalage moyen (50 %)** entre notre perception de la réalité et la réalité, il suffit de remplacer **must** par le modal **may** (he **may be** ill / ***il se peut qu'il soit*** *malade*). Pour évoquer un **décalage important (75 %)**, on utilisera le modal **might** (he **might be** ill / ***il est possible qu'il soit*** *malade*).

Exercices

1. Écrivez ce que vous diriez si vous étiez dans les situations suivantes :

fasten/seat belt – feed the animals - smoke here

a. Vous êtes gardien dans un zoo et vous surprenez une personne en train de donner à manger à un lion :

b. Vous êtes un policier qui vient d'arrêter un individu qui n'avait pas attaché sa ceinture de sécurité :

c. Vous travaillez dans un hôpital et vous surprenez une personne en train de fumer dans la chambre d'un patient :

2. Dans ces images, il manque des détails pour dire exactement de quoi il s'agit. Mais les éléments présents sont suffisamment pertinents pour que vous puissiez exprimer des quasi-certitudes :

giraffe – piano – flying saucer – elephant – crocodile – fried egg

a. ....

b. ....

c. ....

d. ....

e. ....

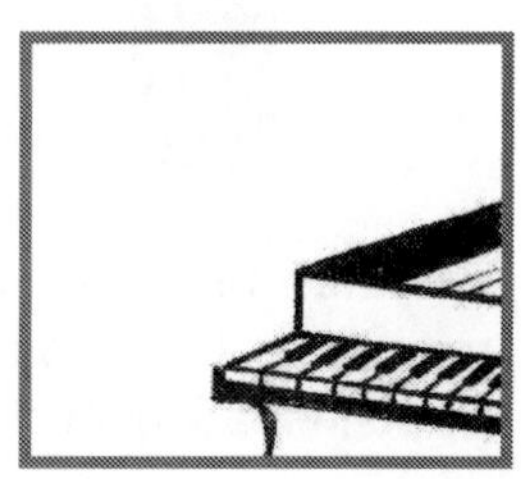

f. ....

44 - Le modal CAN

Comment ça marche ?

Can est avant tout un auxiliaire que l'on associe à une base verbale. On le retrouvera donc dans un rôle d'auxiliaire « classique » aux formes négative et interrogative. Sa seule différence avec des auxiliaires tels que **be**, **have** et **do**, c'est qu'il est **invariable** (voir explication p. 6).

Can est aussi un **modal** (voir p. 18 et p. 116). Il est généralement traduit par « *pouvoir* » et « *savoir* ». Voici comment se conjugue **can** avec le verbe **stay** (*rester*) :

- À **la forme affirmative** (obligatoirement pleine étant donné que **can** ne se contracte pas), ce modal se place entre le sujet et le verbe : I/you/he/she/we/they **can** stay.

  À savoir ⏩ Au passé, on remplace **can** par son prétérit **could**. Au futur, on remplace **can** par **will/won't + be able to** (pour évoquer une capacité ou une incapacité) ou par **will/won't + be allowed to** (pour évoquer une autorisation ou une interdiction).

- À **la forme négative pleine**, la négation **(not)** est « collée » sur **can** :

I	cannot	stay
You	cannot	stay
He/she	cannot	stay
We	cannot	stay
They	cannot	stay

➔ 

- À **la forme négative contractée**, on « colle » la forme contractée de **not** sans le « **n** » **('t)** sur **can** (on fusionne le « **n** » de **CAN** avec celui de **NOT** contracté) :

I	can't	stay
You	can't	stay
He/she	can't	stay
We	can't	stay
They	can't	stay

➔ 

- À **la forme interrogative**, l'auxiliaire modal **can** se place **devant le sujet** pour **marquer l'interrogation** :

Can	I	stay?
Can	you	stay?
Can	he/she	stay?
Can	we	stay?
Can	they	stay?

➔ 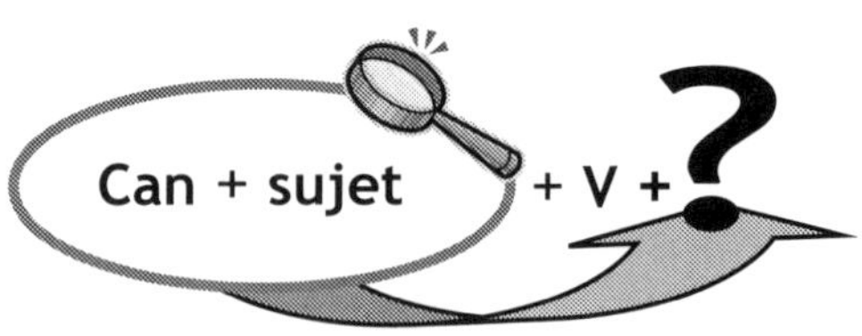

- Dans **les réponses courtes** (pour répondre par « **oui** » ou par « **non** »), il suffit de reprendre l'auxiliaire **can** à la forme affirmative ou négative, précédé du pronom personnel adéquat :

  - **Can** I stay with you, please? Yes, you **can** (***oui***) / No, you **can't** (***non***).
  - **Can** they stay with us? Yes, they **can** (***oui***) / No, they **can't** (***non***).

Exercices

1. Réécrivez les phrases avec CAN :

a. He plays the piano. ....

b. She runs fast. ....

c. You go. ....

d. You stay. ....

2. Réécrivez les phrases à la forme négative contractée :

a. You cannot do that! ....

b. She cannot walk. ....

c. They cannot come. ....

d. He cannot drink alcohol. ....

3. Réécrivez les phrases à la forme interrogative :

a. You can help me. ....

b. You can stop shouting. ....

c. You can open the window. ....

d. You can give me a light. ....

4. Réécrivez les phrases au passé en incluant les mots entre parenthèses :

a. I can't start my car (yesterday). ....

b. I can't wake up (this morning). ....

c. She can't come with us (last night). ....

d. They can't go on holiday (last year). ....

5. Réécrivez les phrases au futur en tenant compte des indications :

a. He can go out (permission). ....

b. She can ride that horse (capacité). ....

c. I can't watch that film (interdiction). ....

d. I can't fix it (incapacité). ....

6. Retrouvez les questions susceptibles de déclencher les réponses ci-dessous :

a. ....? Yes, I can.

b. ....? Yes, we can.

c. ....? No, I can't.

d. ....? No, they can't.

45 - Le modal CAN

À quoi ça sert ?

On utilise l'auxiliaire modal **can** pour exprimer une action sur le **mode du possible**. La notion de « possible » peut renvoyer à une **capacité ou incapacité physique** ou **intellectuelle** qui peut avoir un caractère **permanent** (1) ou **provisoire** (2) en fonction du contexte :

(*Je **peux** dire l'avenir.*)

(*Je **ne peux pas** conduire.*)

La notion de « possible » peut renvoyer à une **pression** que celui qui parle exerce sur une personne en lui « donnant le feu vert » **(autorisation)** ou en lui faisant obstacle (« feu rouge » / **interdiction**) :

(*Tu **peux** inviter Paul si tu veux.*) (*Tu **ne peux pas** regarder ce film. Il est trop violent.*)

On trouve **can** devant des verbes de perception pour préciser qu'il nous est **possible** d'entendre **(hear)**, de voir **(see)** ou de sentir **(smell)**.

On le trouve également devant des verbes exprimant une notion abstraite pour préciser qu'il nous est **possible** de comprendre **(understand)**, de nous souvenir **(remember)**, de penser **(think)** ou d'imaginer **(imagine)**. Dans ces emplois, **can** n'est généralement pas traduit :

- I **can't hear** you! (*Je ne t'entends pas !*)
- I **can't remember** that. (*Je ne me souviens plus de cela.*)

À la forme négative, celui qui parle peut utiliser **can't** pour rejeter une réalité qu'il s'interdit d'envisager comme possible. Il exprime alors une **certitude forte**, c'est-à-dire son **point de vue** :

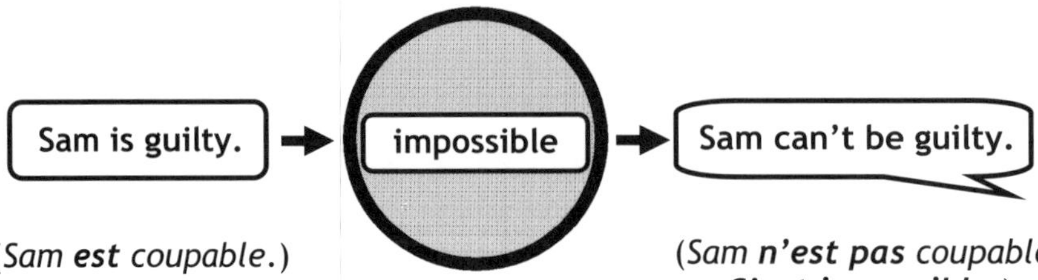

(*Sam **est** coupable.*)

(*Sam **n'est pas** coupable. **C'est impossible**.*)

Exercices

1. Regardez les images et faites des phrases pour parler de ce qui est possible ou impossible :

run – fly- climb trees – witches – housemaids – man - cats – dogs

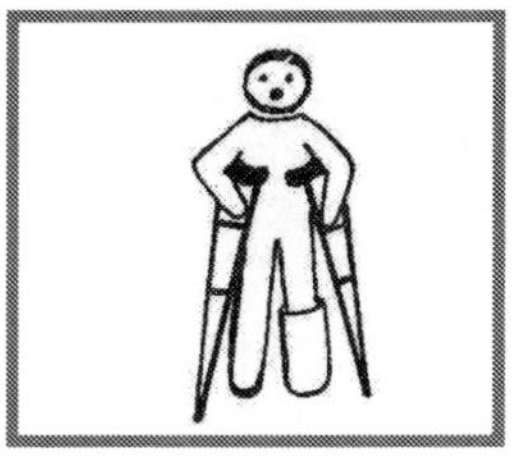

a. ....

b. ....

c. ....

d. ....

e. ....

f. ....

2. Écrivez ce que vous diriez si vous étiez dans les situations suivantes :

bill – help – have – sleep – waiter – please - doctor

a. Vous êtes au restaurant et vous demandez au serveur si vous pouvez avoir l'addition :

b. Vous voyez une personne en difficulté et vous lui proposez votre aide :

c. Vous êtes chez votre médecin et vous lui dites que vous n'arrivez pas à dormir :

3. Traduisez en anglais :

a. Où peut-il bien être ? ....

b. Qu'est-ce que cela peut bien être ? ....

c. Ce n'est pas possible, il n'est pas mort ! ....

d. Comment osez-vous dire ça ? ....

46 - HAVE TO et DON'T HAVE TO

Construction et emplois

Have to (+ **V**) se comporte exactement comme un verbe lexical conjugué au présent simple (voir p. 54 ➡ **I have to** get up early / **I don't have to** get up early / **Do you have to** get up early?). Avec **he et she**, **have** devient **has** et on utilise l'auxiliaire **does** aux formes négative et interrogative (**he doesn't have to** get up early / **does he have to** get up early?).

Pour évoquer une **obligation passée ou future**, on n'a pas le choix : **have to** remplace **must** (I **had to** get up early /*j'ai dû me lever tôt*, I **will have to** get up early /*Je devrai me lever tôt*). Au présent, on a le choix entre **have to** et **must**.

Mais les emplois de ces outils sont l'objet de différences importantes. Contrairement au modal **must** avec lequel celui qui parle fait pression sur autrui (voir p. 118), **have to** ne véhicule aucun point de vue. Il exprime très souvent une nécessité imposée par une situation, des circonstances. Le sujet de **have to** est comme « prisonnier » d'une action dont la réalisation n'est pas négociable :

(***Il faut que*** *j'aille faire les courses.*)

À la forme négative, **don't have to** (ou **doesn't have to**) ne peut pas remplacer **mustn't**. En effet, alors que **mustn't** exprime une interdiction imposée par celui qui parle, **don't have to** évoque une **absence d'obligation**.

Le verbe qui se trouve à la droite de **to** désigne une action qu'il n'est pas nécessaire d'accomplir. Le sujet de **don't have to** est comme **libéré d'une contrainte**, d'une corvée, d'une action souvent perçue comme désagréable. C'est **don't** ou **doesn't** devant **have to** qui crée la « cassure de la chaîne », la « libération » :

(***Ce n'est pas la peine*** *que j'aille faire des courses.*)

À savoir ⏩ Il est possible d'exprimer une **forte certitude** avec **have to**. Mais à la différence de **must** qui traduit la conviction de celui qui parle, **have to** évoque une **déduction logique** qui exclut tout point de vue personnel : "There **has to** be an explanation for his behaviour." (*On doit pouvoir expliquer sa conduite.*)

Exercices

1. À partir des images, faites des phrases indiquant les actions dont les personnages sont prisonniers ou libérés :

jump - lose weight - work - change the wheel - wear glasses - repair the roof - find a filling station - go to the dentist's

a

b

c

d

e

f

g

h

a. ....

b. ....

c. ....

d. ....

e. ....

f. ....

g. ....

h. ....

2. Traduisez en anglais :

stay - go - lend me some money - work hard - pay

a. Il faut que j'y aille ! ....

b. Vous n'avez pas à payer. ....

c. Il faut que tu travailles dur. ....

d. Ce n'est pas la peine que tu restes. ....

e. Il faut que tu me prêtes de l'argent. ....

Séquence de révision n° 8

1. Suite au naufrage de son bateau, Mr Smith se retrouve seul et dépourvu de tout sur une île déserte. À partir des images, faites des phrases pour parler des contraintes auxquelles il ne peut pas échapper et de celles dont il est libéré :

get up early - build a shelter - find drinking water - work - go hunting - do the dishes

a. ....

b. ....

c. ....

d. ....

e. ....

f. ....

score ..../6

2. Complétez les phrases avec MUST ou HAVE/HAS TO à la forme qui convient :

a. You .... cheat!

b. You .... come. You can stay at home.

c. He .... find another job if he is fired.

d. You .... go to the police station tomorrow at 9 a.m.

e. They .... change their clothes.

f. I'm 25 dad! I .... tell you where I'm going!

score ..../6

Séquence de révision n°8

3. Suite au naufrage de son bateau, Mr Smith se retrouve seul et dépourvu de tout sur une île déserte. À partir des images, faites des phrases pour parler de ce qui lui est possible ou impossible de faire sur cette île :

eat fish - watch TV - read - do the shopping - swim - sleep on the beach

a. ....

b. ....

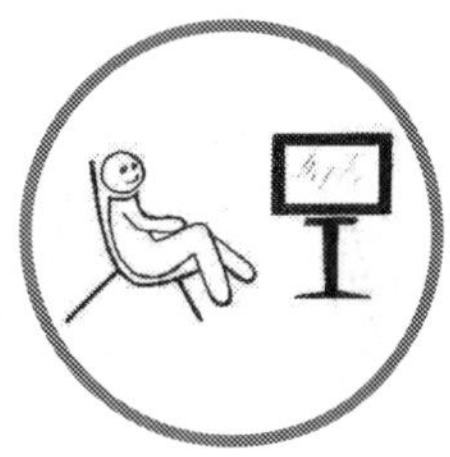

c. ....

d. ....

e. ....

f. ....

score ..../6

4. Complétez les phrases avec MUST ou CAN'T en fonction du contexte :

a. Who is knocking at the door? It .... be the postman.

b. I .... believe it! It .... be a mistake!

c. He .... have done that! How stupid of him!

d. I'm sorry. You .... have dialed a wrong number.

e. You .... be serious! You ....be kidding!

f. It .... be a cloud! It .... be a flying saucer!

score ..../9

Corrigés des exercices

LE VERBE ANGLAIS (p. 7) 1) a. She/he has... b. She/he plays... c. She/he watches... d. She/he brushes... e. She/he mows... f. She/he goes... • **2)** a. doing the shopping b. sunbathing c. mowing the lawn d. putting out the bin e. playing the piano f. watching TV g. dancing h. cycling • **3)** a. mowing b. playing c. sunbathing d. watching (2X) e. putting out f. doing g. dancing h. cycling **(p. 9) 1)** a. worked b. discussed c. wanted d. washed e. arrived f. hurried g. stopped h. cooked i. disputed j. liked k. married l. played • **2)** a. [t] b. [t] c. [Id] d. [t] e. [d] f. [Id] g. [t] h. [t] i. [Id] j. [t] k. [Id] l. [d] • **3)** a. be b. do c. slip d. sleep e. cut f. rain g. have h. saw i. see j. go k. eat

LES EMPLOIS DE TO (p. 11) 1) a. (1) He is flying (2) to (3) the United States. b. (1) He is driving (2) to (3) London. c. (1) He is writing a letter (2) to (3) his girlfriend. d. (1) Father Christmas is giving a present (2) to (3) the boy. • **2)** a. It is nine to nine. b. It is ten to ten. **(p. 13) 1)** a/4 - b/1 - c/6 - d/2 - e/3 - f/5 - g/9 - h/7 - i/8 • **2)** a. is able to b. is going to c. have to d. are not allowed to e. have to f. am not able to g. am not able to h. isn't allowed to • **3)** a. can b. isn't able to c. 'm not able to d. be able to e. isn't even able to f. can't g. aren't able to

L'AUXILIAIRE (p. 15) 1) a. is b. is c. do you do d. is e. do you like f. is g. is • **2)** a. doesn't b. didn't c. aren't d. 'm not e. isn't f. haven't g. hasn't • **3)** a. Is + he + sleeping + ? b. Did + it + rain + ? c. Have + they + got a dog + ? d. Will + he + call me + ? e. Does + she + smoke + ? f. Can + she + read + ? **(p. 17)** a. are ⇨ NOW b. Have ⇨ NOW c. was ⇨ PAST d. didn't ⇨ PAST e. hadn't ⇨ PAST f. will ⇨ FUTURE g. were ⇨ PAST **(p. 19) 1)** a. Yes, I have. b. No, it isn't. c. Yes, I can. d. No, I don't. e. No, he doesn't. f. No, I haven't. g. Yes, I did. • **2)** Questions possibles : a. Did Sam make his bed? b. Do you speak Chinese? c. Have they got children? d. Are you a student? e. Have you got a pet? • **3)** a. do b. did c. do d. did e. did f. do **(p. 21) 1)** a. You come from another planet, don't you? b. You live in the sea, don't you? c. You aren't leaving me, are you? d. You are invisible, aren't you? • **2)** a. aren't I? b. isn't it? c. haven't you? d. do you? e. have you? f. aren't you? g. was she? h. have you? i. are you? **(p. 23) 1)** a. 'm b. 'm c. 've d. 's e. 's f. don't g. doesn't h. 's i. can't j. 'll • **2)** a. do b. have c. are d. did e. does f. can g. would h. wo (voir page 22 si nécessaire) • **3)** a. is b. cannot c. will not d. is e. shall not f. have g. are not h. will i. has j. does not

SÉQUENCE DE RÉVISION N° 1 (p. 24) 1) a. drinking b. sleeping c. reading d. playing e. writing f. predicting g. building h. ringing • **2)** a. is b. were/was c. don't d. don't e. aren't f. have • **3)** a. loves b. am not used to c. can't afford d. smoking e. can't stand f. drinking alcohol **(p. 25) 4)** a. painted b. mowed c. discovered d. washed e. ironed f. cooked g. crashed h. climbed • **5)** a. has / hasn't b. was / wasn't c. have / have d. didn't e. didn't f. are/aren't • **6)** a. Don't forget **to** put out the bin. b. It's twenty **to** two. c. I'm going **to** the restaurant. d. Do you want **to** come with me? e. Count **to** twenty and try **to** find me! f. **To** be or not **to** be: that is the question.

LE VERBE BE AU PRÉSENT (p. 27) 1) a. It is Sam's coat. b. There is a fly in your glass. c. What is your sister's phone number? d. You are late! • **2)** a. I'm not your skivvy! b. That isn't my cup of tea! c. My hands aren't frozen. d. My neighbours aren't friendly people. • **3)** a. Are you thirsty? b. Is he 49? c. Is she in love with him? d. Is she a teacher? • **4)** a. What's your job? b. What time is it? c. How much is it? d. What's the weather like? • **5)** a. Yes, I am/No, I'm not b. Yes, I am/No, I'm not c. Yes, it is/No, it isn't d. Yes, I am/No, I'm not • **6)** Questions possibles : a. Are you happy? b. Is he a doctor? c. Are you hungry? d. Are they married? **(p. 29) 1)** a. He is from Scotland. b. He is a cowboy. c. He is English. • **2)** a. It is scared. b. He is dizzy. c. He isn't dizzy. d. It is hungry. e. It is thirsty. f. It is cold. g. It is sunny. h. It is windy. i. It is cloudy. **(p. 31)** a. There is a house between the skyscrapers. b. There is a cat behind the mouse. c. There is a mousetrap in front of the mousehole. d. There is a man on the rails! e. There are satellites around the Earth. f. There is a parrot on the pirate's shoulder. g. There is a flying saucer above the house. h. There is a bird in the crocodile's mouth. i. There is a fly under the flyswatter. j. There is a cat in the water. k. There is a dog on the tree. l. There are birds on the aerial.

HAVE GOT (p. 33) 1) a. He has got a temperature. b. They have got a bookshop. c. She has got a boyfriend. d. They have got two children. • **2)** a. I haven't got any friends. b. She hasn't got any money. c. They haven't got any pets. d. That creature hasn't got eyes. • **3)** a. Have you got a job? b. Have they got a big house? c. Has she got an idea? d. Has he got a swimming pool? • **4)** a. Have you got any brothers and sisters? b. Have you got any pets? c. Have you got books? d. Has she got a boyfriend? • **5)** a. Yes, I have./No, I haven't. b. Yes, I have./No, I haven't. c. Yes, I have./No, I haven't. d. Yes, he has./No, he hasn't. • **6)** Questions possibles : a. Have you got a car? b. Have they got a big house? c. Has she got a boyfriend? d. Have you got good marks? **(p. 35) 1)** a. She has got a boyfriend. b. She has got a computer. c. She has got a dog. d. She has got a car. e. She has got a house. f. She has got a guitar. • **2)** a. He has got a headache. b. He has got a cold. c. He has got a temperature. • **3)** a. She has got a pointed hat. b. She has got long hair. c. It has got feelers.

L'ADJECTIF QUALIFICATIF (p. 37) 1) a. I have got white shirts. b. She has got nice dresses. c. He has got funny ties. d. We have got good teachers. • **2)** a. Jane has got short hair. b. My neighbour has got an old dog. c. Tom has got a black car. d. I have got a big house. • **3)** a. curved ⇨ A buffalo has got curved horns. b. magic ⇨ A fairy has got a magic wand. c. wooden ⇨ The pirate has got a wooden leg. d. long ⇨ A mouse has got a long tail. e. heavy ⇨ The knight has got a heavy armour. f. small ⇨ The clown has got a small hat. **(p. 39) 1)** a. A comfortable big black German car. b. A nice small old bottle. c. A beautiful green opalin desk lamp. d. A romantic old English cottage. • **2)** a. clumsy ⇨ The housemaid is clumsy. b. ill ⇨ He is ill. c. lucky ⇨ He is lucky. d. invisible ⇨ He is invisible. e. frightening ⇨ She is frightening. f. dry ⇨ The riverbed is dry.

SÉQUENCE DE RÉVISION N°2 (p. 40) 1) a. They have got a lovely cottage. b. They are happy. c. He has got brawny arms. d. He is strong. e. He has got a white stick. f. He is blind. g. He has got a walking stick. h. He is old. • **2)** a. are b. am c. have you got d. have got e. am / have got **(p. 41)** a. There are two books. b. There is a camera. c. There are three ties. d. There is a toothbrush. e. There is a pair of socks.

LES PRONOMS PERSONNELS SUJETS (p. 43) 1) a. you b. you c. he d. I • **2)** a. you b. I c. you d. he e. you • **3)** No, I'll do it ⇨ Non, c'est moi qui vais le faire - He and I ⇨ Lui et moi - It is he ⇨ C'est lui - You and yours ⇨ Toi et les tiens - You darling! ⇨ Tu es un amour ! - If I were he ⇨ Si j'étais lui - He who can ⇨ Celui qui peut - He didn't do it ⇨ Ce n'est pas lui qui a fait ça - I'll see you soon ⇨ On se voit bientôt - There you go! ⇨ Voilà ! **(p. 45) 1)** a. she b. it c. we d. they • **2)** a. she b. it c. we d. they • **3)** It is she ⇨ C'est elle - That's it! ⇨ Tout à fait ! - We French ⇨ Nous autres Français - There they are! ⇨ Les voilà ! - She is a fine car ⇨ C'est une belle voiture - How was it? ⇨ Comment ça s'est passé ? - She-cat ⇨ mégère - If I were she ⇨ Si j'étais elle - Keep at it! ⇨ Continuez ! - Here she is! ⇨ La voici !

LE GÉNITIF (p. 47) 1) a. Whose glasses are they? They are the Inuit's glasses. b. Whose glasses are they? They are the woman's glasses. c. Whose bow is it? It's the Native American's bow. d. Whose bow is it? It's the boy's bow. e. Whose knife is it? It's the butcher's knife. f. Whose knife is it? It's the man's knife. • **2)** a. Is it the boy's bow? b. Are they the woman's glasses? c. Is it the Native American's bow? d. Is it the man's knife? • **3)** a. What's your mother's name? b. Whose wallet is it? c. My neighbours' car is red. d. What is James's job? e. He's going to the dentist's. **(p. 49) 1)** Sunday ⇨ day of the sun / le jour du soleil - Monday ⇨ day of the moon / le jour de la lune - Tuesday ⇨ Tiu's day / le jour de Tiu (petit dieu de la guerre ; un des fils du dieu Odin) - Wednesday ⇨ Odin's day / le jour d'Odin (le dieu le plus puissant et le plus important de la mythologie nordique) - Thursday ⇨ Thor's day / le jour de Thor (autre fils du dieu Odin dont le nom est à l'origine du mot « thunder » qui signifie « tonnerre ») - Friday ⇨ day of Frigg /le jour de Freya (une des épouses du dieu Odin, déesse de la beauté) - Saturday ⇨ day of Saturn / le jour de Saturne. Les trois jours de la semaine qui contiennent le **S** du génitif sont : Tuesday, Wednesday et Thursday • **2)** a. Helen**'s** dress is blue b. Charles**'s** car is black. c. The Native Americans'tepees were comfortable. d. My friends**'** dog is noisy. • **3)** a. My neighbour**'s** dog b. My neighbours**'** dog c. The princess**'s** jewels d. Those children**'s** marks • **4)** a. She**'s** got a witch's hat. b. It**'s** Sam's "Who**'s** Who". c. He**'s** playing the Devil's advocate. d. She**'s** reading children's stories. e. Where**'s** Mum? At the dentist's.

LES ADJECTIFS POSSESSIFS (p. 51) Tableau 1 son ⇨ son arc / his ⇨ his bow - sa ⇨ sa squaw / his ⇨ his squaw - ses ⇨ ses flèches / his ⇨ his arrows • **Tableau 2** son ⇨ son manteau / her ⇨ her coat - sa ⇨ sa robe / her ⇨ her dress - ses ⇨ ses bagues / her ⇨ her rings • **Tableau 3** son ⇨ son cou / its ⇨ its neck - sa ⇨ sa queue / its ⇨ its tail - ses ⇨ ses pattes / its ⇨ its legs

SÉQUENCE DE RÉVISION N°3 (p. 52) 1) a. his b. her c. its • **2)** a. **Her** car is yellow. b. **My** bike is green. c. **His** parents are nice. d. **We** are married. e. **They** are married. f. **Its** ears are long. g. **They** are long. h. **Your** house is comfortable. i. **It** is beautiful. j. **My** desk lamp is beautiful. **(p. 53) 3)** a. It is Peter's car. b. It is Graham's car. c. It is Graham's letterbox. d. It is Peter's letterbox. e. It is Peter's house. f. It is Graham's house. g. It is Graham's hat. h. It is Peter's hat. • **4)** a. Whose dog is it? b. Whose gloves are they? c. Is it your wallet? d. Whose bag is it? e. Is Kate John's girlfriend? f. Is John Kate's boyfriend? g. Is it your car? h. Whose ball is it?

LE PRÉSENT SIMPLE (p. 55) 1) a. buys b. misses c. mixes d. carries e. plays f. finishes • **2)** a. Cats don't like water. b. Vegetarians don't eat meat. c. A baby doesn't read books. d. The sun doesn't go round the Earth. • **3)** a. Do English pupils wear uniforms? b. Do you speak Chinese? c. Do aliens live on Mars? d. Do you often watch TV? • **4)** a. Do you like reading? b. Does she wear glasses? c. Do they live in Scotland? d. Does he play the piano? • **5)** a. Yes, I do./No, I don't. b. Yes, I do./No, I don't. c. Yes, I do./No, I don't. d.Yes, I do./No, I don't. • **6)** Questions possibles : a. Do you swim? b. Do you play chess? c. Does she work? d. Does he cook the meals? **(p. 57)** a. He gets up. b. He has a shower. c. He brushes his teeth. d. He gets dressed. e. He has breakfast. f. He leaves for school. g. He does his homework. h. He watches TV. i. He has dinner. j. He goes to sleep. **(p. 59) 1)** Global warming ⇨ shortens ⇨ ski seasons - Global warming ⇨ causes ⇨ more intense storms - Water vapour ⇨ creates ⇨ about 70 % of the greenhouse effect - Polar bears ⇨ experience ⇨ shorter hunting seasons - Sea ice ⇨ freezes ⇨ later in Autumn - Sea ice ⇨ melts ⇨ earlier in Spring TRADUCTIONS b. Le réchauffement climatique raccourcit les périodes de sports d'hiver. c. Le réchauffement climatique entraîne des orages plus violents. d. La vapeur d'eau est à l'origine de 70 % de l'effet de serre. e. Les ours blancs connaissent des périodes de chasse plus courtes. f. La mer de glace gèle plus tard en automne. g. La mer de glace fond plus tôt au printemps. • **2)** a. changes/will rise b. rises/will flood c. are flooded/will have to move d. melts/will disappear • **3)** a. I will have bad marks. b. you will be ill. c. If I drive too fast d. If you go to England e. you will be fat f. you will have to follow a diet g. If you follow a diet h. I will visit the Grand Canyon

L'EXPRESSION DE LA FRÉQUENCE (p. 61) 1) a. How often does he brush his teeth? b. How often do they go on holiday? c. How often does he go to the cinema? d. How often do you eat out? • **2)** a. Children tidy their room once a week. b. People never sleep late on Mondays. c. I have a shower once a day. d. People don't work on Sundays. • **3)** Réponses possibles : a. She/he does sport once a week. b. She/he always pays the bill at the restaurant. c. She/he never smokes. d. She/he often eats eco-friendly products. e. She/he doesn't watch TV every evening. f. She/he cooks the meals three times a week. g. She/he never works at weekends. h. She/he doesn't always invite his/her friends at weekends.

LE PRÉSENT EN BE-ING (p. 63) 1) playing - swimming - drinking - cutting - cooking - smoking • **2)** a. It's snowing. b. They're sleeping. c. I'm going out tonight. d. What's happening? • **3)** a. The pupils aren't listening. b. I'm not playing with you. c. It isn't raining. d. I'm not joking! e. They aren't coming with us. • **4)** a. What is he repairing? b. What are they looking for? c. What are you doing? d. Who is calling? e. What are you eating? • **5)** a. Yes, I am./No, I'm not. b. Yes, it is./ No, it isn't. c. Yes, I am./No, I'm not. d. Yes, it is./No, it isn't. **(p. 65)** a. A man is mowing the lawn. b. A dog is reading the newspaper! c. A man is having a nap on the rails! d. People are dancing. e. A man is drowning! f. A cat is fishing! g. A man is hitch-hiking. h. Aliens are kidnapping a man! **(p. 67)** a. I'm dancing with Tom next Saturday. b. I'm fishing next Sunday. c. I'm eating at the restaurant next Friday. d. I'm going biking next weekend. e. I'm playing cards tomorrow night. f. I'm watching TV tonight.

SÉQUENCE DE RÉVISION N°4 (p. 68) 1) The giraffe is eating a chicken leg! / Usually, giraffes don't eat meat. - The lion is catching a fish! / Usually, lions don't fish. - The mouse is chasing the cat! / Ususally, mice don't chase cats. - The snail is running! / Usually, snails don't run. • **2)** Faits de base : a - c - e - Commentaires : b - d - f **(p. 69) 3)** a. It is raining. b. The girl is wearing a dress. c. The boy is wearing glasses. d. The man is riding a bike. e. The man is reading a book. • **4)** Réponses possibles : a. John goes shopping every Saturday. b. I have dinner every evening at 8 p.m. c. Do you brush your teeth every day? d. Mum cooks a chicken once a week. e. She eats out three times a week. • **5)** a. What do you do on Sundays? b. What are you doing tonight? c. John smokes two cigarettes a day. d. John is always watching TV! When does he do his homework? e. I do the dishes once a day.

LE PRESENT PERFECT (p. 71) 1) a. I have made a cake. b. She has cried. c. They have bought a car. d. We have finished. • **2)** a. I haven't done my homework. b. She hasn't read that book. c. We haven't eaten yet. d. He hasn't invited her. • **3)** a. Have you missed the bus? b. Has he helped his mother? c. Have they drunk a lot of wine? d. Has she gone out? • **4)** a. Have you done the shopping? b. Have you bought a camera? c. Have you studied English? d. Have you followed a diet? • **5)** a. Yes, I have./No, I haven't. b. Yes, I have./No, I haven't. c. Yes, he has./No, he hasn't. d. Yes, I have./No, I haven't. • **6)** Questions possibles : a. Have you bought a new car? b. Have your parents given you some money? c. Has your girlfriend called you? d. Have you had dinner? **(p. 73) 1)** a. He has broken his arm. b. He has painted the gate. c. She has done the shopping. d. He has lost his mobile. e. She has smashed the lamp. f. He has bought a computer. • **2)** a. Have you ever travelled by air? b. Have you ever eaten oysters? c. Have you ever made a parachute jump? d. Have you ever seen a whale? e. Have you ever played golf? f. Have you ever seen a flying saucer? • **3)** a. I have never travelled by air. b. I have never eaten oysters. c. I have never made a parachute jump. d. I have never seen a whale. e. I have never played golf. f. I have never seen a flying saucer. **(p. 75) 1)** a. It's the first time I have made a parachute jump. b. It's the first time I have travelled by air. c. It's the first time he has walked on crutches. d. It's the second time I have watched that film. • **2)** a. She hasn't cleared the table yet. b. She hasn't done the dishes yet. c. She has already done the washing. d. She hasn't put the bin out yet. e. She hasn't swept the floor yet. f. She has already done the ironing. **(p. 77) 1)** a. I have just done the dishes. b. They have just arrived. c. He has just caught a fish. d. I have just had a shower. e. The police have just arrested the thief. f. The storm has just broken. • **2)** a. He has worked since 8 p.m. b. Il travaille depuis huit heures du soir. c. He has walked on crutches since he had an accident. d. Il marche avec des béquilles depuis qu'il a eu un accident. e. He has played the piano since he was five. f. Il joue du piano depuis l'âge de cinq ans. **(p. 79)** a. one hour. b. He has watched TV for one hour. c. Il regarde la télé depuis une heure / Cela fait une heure qu'il regarde la télé. d. three days. e. He has had a temperature for three days. f. Il a de la fièvre depuis trois jours / Cela fait trois jours qu'il a de la fièvre. g. five months. h. He has played the guitar for five months. i. Il joue de la guitare depuis cinq mois. / Cela fait cinq mois qu'il joue de la guitare. j. ten years k. He has lived in this house for ten years. l. Il vit dans cette maison depuis dix ans. / Cela fait dix ans qu'il vit dans cette maison.

LE PRESENT PERFECT EN BE-ING (p. 81) 1) a. It has been raining! b. You have been smoking! c. He has been eating my sandwich! d. She has been breaking my lamp! • **2)** a. He hasn't been doing his homework! b. I haven't been sleeping for two days! c. It hasn't been raining for months! d. They haven't been eating their dessert! • **3)** a. Has he been painting the walls red? b. Has she been phoning? c. Have they been fixing your computer? d. Has she been crying? • **4)** Questions possibles : a. Have you been breaking my lamp? b. Have you been sleeping? c. Have you been doing the shopping? d. Has she been leaving you? • **5)** a. Yes, I have./No, I haven't. b. Yes, I have./No, I haven't. c. Yes, he has./No, he hasn't. d. Yes, I have./No, I haven't. • **6)** Questions possibles : a. Have you been eating all the oysters? b. Have you been cheating? c. Has it been snowing? d. Has he been driving too fast? **(p. 83)** a. It has been pouring for four days! b. The river has been drying up! c. They haven't been doing the dishes for one week! d. The cat has been eating the goldfish! e. The plane has been crashing! f. He has been seeing a ghost!

BE GOING TO (p. 85) 1) a. It is going to rain. b. She is going to have a baby. c. I am going to go to bed. d. She is going to learn Italian. • **2)** a. He isn't going to win. b. They aren't going to go to Venice. c. I'm not going to eat out with you. d. We aren't going to be late. • **3)** a. Is she going to leave him? b. Are they going to move? c. Is he going to find a job? d. Are you going to stop smoking? • **4)** a. Are you going to ski? b. Is it going to rain? c. Are you going to go on holiday? d. Are you going to marry Helen? • **5)** a. Yes, I am./No, I'm not. b. Yes, I am./No, I'm not. c. Yes, it is./No, it isn't. d. Yes, they are./No, they aren't. • **6)** Questions possibles : a. Are you going to help me? b. Are you going to wear glasses? c. Is your sister going to get married? d. Are your parents going to get divorced? **(p. 87) 1)** a. The plane is going to crash! b. He is going to fall! c. He is going to dive. d. He is going to win! • **2)** Phrases possibles : I'm going to sleep late. I'm going to go to the cinema. I'm going to invite friends.

SÉQUENCE DE RÉVISION N°5 (p. 88) 1) For ⇨ a - d - e - f - k - l / Since ⇨ b - c - g - h - i - j • **2)** a. Barack Obama has been president of the United States since January 20th 2009. b. He has stayed with his parents since his flat burnt down. c. I haven't been smoking for three weeks! d. He hasn't been eating meat since he fell in love with a vegetarian! e. He has taught aeronautics for seven years. **(p. 89)** a. You are going to crash into a car! b. Your wife is going to leave you! c. You are going to win on the lottery! d. You are going to be rich! e. You are going to fall in love! f. You are going to have a baby!

LE PRÉTÉRIT SIMPLE (p. 91) 1) a. missed b. carried c. watched d. exploded e. needed f. wanted • **2)** a. bought b. ate c. slept d. drank e. made f. burnt • **3)** a. I didn't watch TV yesterday. b. She didn't make a cake last Sunday. c. He didn't carry his mother's bag. d. They didn't miss the train. • **4)** a. Did you help your grandmother? b. Did you do your homework? c. Did they sleep in a tent? d. Did she fall in love with David? • **5)** a. I didn't want**ed** to hurt you. ⇨ I didn't want to hurt you. b. I saw**ed** Kate ⇨ I saw Kate. c. Did you post**ed** the letter? ⇨ Did you post the letter? d. Where **did** you **be** last night? ⇨ Where were you last night? • **6)** Questions possibles : a. Did you see Rachel last week? b. What did you eat yesterday? c. What did you do last Sunday? d. Did you sleep late yesterday morning? e. Did you go on holiday last Summer? **(p. 93) 1)** a. left b. took c. dropped anchor d. explored e. decided – named f. met g. spoke – stayed – showed h. celebrated • **2)** a. The Europeans didn't eat potatoes. b. The Europeans didn't have snowshoes. c. The Europeans didn't smoke tobacco. d. The Europeans didn't wear anoraks. e. The Europeans didn't make canoes. f. The Europeans didn't plant maize. • **3)** a. The Native Americans didn't ride horses. b. The Native Americans didn't drink alcohol. c. The Native Americans didn't have knives. d. The Native Americans didn't use iron kettles. e. The Native Americans didn't speak English. f. The Native Americans didn't eat mutton. **(p. 95) Attention !** Les réponses qui suivent ne sont valables que pour l'année 2009. En effet, le calcul du temps écoulé varie en fonction de l'année en cours ou plus généralement de ce qu'on appelle « le moment où l'on parle ». Événement historique n°1 ⇨ temps écoulé = 133 years (2009 – 1876) ⇨ Alexander Graham Bell invented the telephone 133 years ago. • Événement historique n°2 ⇨ temps écoulé = 64 years (2009 – 1945) ⇨ The U.S.A dropped the atomic bomb on Hiroshima 64 years ago. • Événement historique n°3 ⇨ temps écoulé = 388 years (2009 – 1621) ⇨ The Pilgrim Fathers celebrated the first Thanksgiving 388 years ago. • Événement historique n°4 ⇨ temps écoulé = 517 years (2009 – 1492) ⇨ Chirstopher Columbus discovered America 517 years ago. • Événement historique n°5 ⇨ temps écoulé = 40 years (2009 – 1969) ⇨ Neil Armstrong walked on the moon 40 years ago.

LE PRÉTÉRIT MODAL (p. 97) 1) a. If I had money, I would buy a car. b. If I was a Native American, I would live in a tepee. • **2)** a. She doesn't work hard and she has bad marks. b. Helen doesn't love Mike and he is unhappy. c. I have to work and I can't sleep late every day. d. He doesn't brush his teeth and he has to go to the dentist's. • **3)** a. I wish I played the piano. / If only I played the piano. b. I wish I didn't smoke. / If only I didn't smoke. c. I wish I wasn't unemployed. / If only I wasn't unemployed. d. I wish I had some friends. / If only I had some friends.

USED TO (p. 99) **1)** a. He used to work in a bank. b. They used to live in a tent. c. I used to have dark hair. d. She used to play the piano. • **2)** a. He didn't use to write poems. b. I didn't use to smoke. c. They didn't use to be married. d. She didn't use to wear glasses. • **3)** a. Did you use to live in England? b. Did you use to work in a bank? c. Did she use to be a teacher? d. Did they use to be poor? • **4)** Questions possibles : a. Did you use to play the piano? b. Did you use to smoke so much? c. Did they use to have a dog? d. Did she use to be fond of sports? • **5)** a. used b. Did c. live d. didn't e. use f. did / to be g. to be in love (p. 101) **1)** a. I didn't use to wear glasses. b. I used to have long hair. c. I didn't use to be bald. d. I used to have a big nose. • **2)** a. He didn't use to speak English. b. They used to be wealthy. c. I used to have bad marks. d. She didn't use to read. e. He used to have long hair. f. She used to be unemployed. g. They used to live in a flat. h. He used to be single. i. He used to be blind.

SÉQUENCE DE RÉVISION N°6 (p. 102) **1)** a. If I found a wallet in the street, I would bring it to the police station. b. If I lived on a desert island, I would get bored. c. If I won on the lottery, I would build shelters for the homeless. d. If I met an alien being, I would try to communicate with him. • **2) Attention !** Les réponses qui suivent ne sont valables que pour l'année 2009. En effet, le calcul du temps écoulé varie en fonction de l'année en cours ou plus généralement de ce qu'on appelle « le moment où l'on parle ». a. Jack died 13 years ago. b. He was born 79 years ago. c. They got married 49 years ago. d. I met Ann 20 years ago. • **3)** a. Did you use to wear glasses? b. Did you use to have grey hair? c. Did you use to be fat? d. He used to smoke too much. (p. 103) **4)** Ordre chronologique des actions passées : 1/d - 2/c - 3/b - 4/a. Phrases à compléter : 1. Last night, Tom heard a noise. 2. He got up. 3. He went downstairs. 4. He saw a ghost and screamed. 5. In fact, all that didn't happen. 6. Tom had a nightmare. • **5)** Phrases possibles pour raconter le cauchemar le plus récent : I was at school. My English teacher asked me to pronounce the word "witch". I said "with". Suddenly, my English teacher became a frightening witch that turned me into a horrible cockroach. I was on the floor and the other pupils squashed me.

LE PRÉTÉRIT EN BE-ING (p. 105) **1)** a. It was snowing. b. I was having a shower. c. They were watching TV. d. He was getting into a bus. • **2)** a. I wasn't sleeping. b. They weren't working. c. She wasn't listening. d. We weren't chattering. • **3)** a. Was it freezing? b. Were they going to the cinema? c. Were you reading the newspaper? d. Were we waiting? • **4)** a. didn't rain b. wasn't raining c. had a shower / phoned d. was having / heard • **5)** a. Yes, I was. / No, I wasn't. b. Yes, I was. / No, I wasn't. c. Yes, she was. / No, she wasn't. d. Yes, I was. / No, I wasn't. • **6)** Questions possibles : a. Were you sleeping when I phoned yesterday? b. Were you driving fast when the policeman asked you to stop? c. Was she painting the ceiling when she fell down? d. Were your parents quarrelling when you left? (p. 107) a. He was playing the cello when a string snapped. b. He was sunbathing when a storm broke. c. He was having a shower when the phone rang. d. He was mowing the lawn yesterday at 5 p.m. e. He was phoning in his car when a policeman stopped him.

LE PAST PERFECT (p. 109) **1)** a. It had rained. b. I had met her. c. I had done the dishes. d. They had finished. • **2)** a. I hadn't eaten. b. She hadn't understood. c. He hadn't made his bed. d. They hadn't got married. • **3)** a. Had you told me the truth? b. Had he missed the bus? c. Had she seen him? d. Had they prepared the meal? • **4)** a. had stopped / arrived b. said / had met c. had played d. asked / had done • **5)** a. has b. had c. had d. had / have • **6)** Questions possibles : a. Had you made your bed when you left for school? b. Had you met such a beautiful woman before? c. Had she waited for you for a long time when you arrived? d. Had they driven for a long time when they had an accident? (p. 111) **1)** a. He had already gone to bed when the phone rang. b. After he had had breakfast, he went to school. c. Christopher Columbus had travelled for three months when he spotted the Caribbean Islands. • **2)** a. had already left / arrived b. said / had stopped c. had done / watched d. had had / had e. had lived / decided f. was / had seen g. punished / had had.

LA VOIX ACTIVE ET LA VOIX PASSIVE (p. 113) a. The housemaid has broken the lamp. b. The lamp has been broken by the housemaid. c. The goldfish has been eaten by the cat. d. The cat has eaten the goldfish. e. Alien beings are kidnapping a man! f. A man is being kidnapped by alien beings! g. The man has been bitten by the dog. h. The dog has bitten the man.

SÉQUENCE DE RÉVISION N°7 (p. 114) 1) a. was segregated b. were kept c. were educated d. were often built e. were treated f. watched g. ate h. drank i. sat j. were buried k. were denied • **2)** a. was filling b. had filled c. had refused d. had been thrown off e. had boycotted f. had become **(p. 115) 3)** a. Abraham Lincoln was watching the play *Our American Cousin* at Fords Theater when b. Martin Luther King was standing on a hotel balcony when c. John Fitzgerald Kennedy was travelling in his open-topped car through the main business area in Dallas when • **4)** Questions possibles : a. What were you doing last Saturday at 9 a.m? b. What was your wife doing when she fainted? c. Were you stealing the old lady's bag when the police arrested you? d. Were you eating at the restaurant when Peter called you? e. What was the weather like yesterday at 5 p.m?

LE MODAL MUST (p. 117) 1) a. The windows mustn't be opened. b. It must be the postman. c. He must be joking. d. You mustn't phone in a hospital. • **2)** a. You mustn't take photos. b. You mustn't drink alcohol. c. You mustn't smoke here. d. You mustn't do that. • **3)** a. Must I stay? b. Must I do it again? c. Must you go now? d. Must I tell her? • **4)** a. He had to go to hospital. b. They had to get up early. c. He had to cancel the party. d. She had to call the breakdown service. • **5)** a. Did you have to go to the dentist's? b. Did she have to buy a new car? c. Did they have to stay in a hotel? d. Did he have to follow a diet? • **6)** a. I will have to lose weight. b. They will have to move into a new flat. c. He will have to work on Sundays. d. She will have to find a nanny. **(p. 119) 1)** a. You mustn't feed the animals! b. You must fasten your seat belt! c. You mustn't smoke here! • **2)** a. It must be an elephant. b. It must be a giraffe. c. It must be a crocodile. d. It must be a fried egg. e. It must be a flying saucer. f. It must be a piano.

LE MODAL CAN (p. 121) 1) a. He can play the piano. b. She can run fast. c. You can go. d. You can stay. • **2)** a. You can't do that! b. She can't walk. c. They can't come. d. He can't drink alcohol. • **3)** a. Can you help me? b. Can you stop shouting? c. Can you open the window? d. Can you give me a light? • **4)** a. I couldn't start my car yesterday. b. I couldn't wake up this morning. c. She couldn't come with us last night. d. They couldn't go on holiday last year. • **5)** a. He will be allowed to go out. b. She will be able to ride that horse. c. I won't be allowed to watch that film. d. I won't be able to fix it. • **6)** Questions possibles : a. Can you buy some bread, please? b. Can you vote for me? c. Can you draw? d. Can they join us? **(p. 123) 1)** a. The man can't run. b. He can run. c. Dogs can't climb trees. d. Cats can climb trees. e. Witches can fly. f. Housemaids can't fly. • **2)** a. Waiter, can I have the bill please? b. Can I help you? c. Doctor, I can't sleep. • **3)** a. Where can he be? b. What can it be? c. He can't be dead! d. How can you say that?

HAVE TO et DON'T HAVE TO (p. 125) 1) a. He has to go to the dentist's. b. He has to repair the roof. c. He has to lose weight. d. He has to find a filling station. e. He doesn't have to work. f. He doesn't have to jump. g. He has to wear glasses. h. He has to change the wheel. **2)** a. I have to go! b. You don't have to pay. c. You have to work hard. d. You don't have to stay. e. You have to lend me some money.

SÉQUENCE DE RÉVISION N°8 (p. 126) 1) a. He has to build a shelter. b. He doesn't have to do the dishes. c. He has to go hunting. d. He doesn't have to work. e. He doesn't have to get up early. f. He has to find drinking water. • **2)** a. mustn't b. don't have to c. will have to d. must e. have to f. don't have to **(p. 127) 3)** a. He can't do the shopping. b. He can eat fish. c. He can sleep on the beach. d. He can't watch TV. e. He can swim. f. He can't read. • **4)** a. must b. can't / must c. can't d. must e. can't / must f. can't / must

LEXIQUE ALPHABÉTIQUE

A

A(n), *un, une*
All, *tout, toute*
A long time, *longtemps*
A lot, *beaucoup*
A lot of, *beaucoup de*
About, *environ*
Above, *au-dessus de*
Acknowledged, *reconnu*
Advocate, *avocat (du diable)*
Aerial, *antenne TV*
Aeronautics, *aéronautique*
Afford, *s'offrir ; se permettre*
After, *après*
Again, *à nouveau*
Alcohol, *alcool*
Alien, *extra-terrestre*
All the time, *tout le temps*
Almond, *(en) amande*
Already, *déjà*
Always, *toujours*
America, *Amérique*
American, *américain(e)*
Anchor, *l'ancre*
Angry, *en colère*
Another, *un(e) autre*
Answer, *répondre ; réponse*
Arctic (the), *l'Arctique*
Area, *zone*
Arm, *bras*
Armour, *armure*
Around, *autour (de)*
Arrest, *arrêter (police)*
Arrive, *arriver*
Ask, *demander*
Atomic, *atomique*
Autumn, *automne*
Average, *moyen*

B

Baby, *bébé*
Bad, *mauvais(e)*
Bag, *sac*
Balcony, *balcon*
Bald, *chauve*
Bank, *banque*
Bark, *aboyer*
Barrier, *barrière*
Basket, *panier*
Be, *être*
Beach, *plage*
Bear, *supporter*
Beautiful, *beau ; belle*
Because, *parce que*
Become, *devenir*
Before, *auparavant ; avant*
Behind, *derrière*
Being, *être ; créature*
Be late, *être en retard*
Believe, *croire*
Bench, *banc*
Best friend, *meilleur ami*
Between, *entre*
Big, *grand ; gros*
Bike, *vélo*
Bill, *addition (restaurant)*
Bin, *poubelle*
Bird, *oiseau*
Bite, *mordre*
Black, *noir*
Blind, *aveugle*
Boat, *bateau ; barque*
Bomb, *bombe*
Book, *livre*
Bookshop, *librairie*
Born (be), *naître*
Bottle, *bouteille*
Bow, *arc*
Boy, *garçon*
Boycott, *boycotter*
Boyfriend, *petit ami*
Brawny, *musclé*
Break, *casser ; éclater*
Breakdown, *dépannage*
Breakfast, *petit déjeuner*
Brother, *frère*
Brush, *(se) brosser*
Buffalo, *bison*
Build, *construire*
Burn down, *brûler complètement*
Burn, *brûler*
Bury, *enterrer*
Bus, *autobus*
Business, *commerçant(e)*
Butcher, *boucher*
Butter, *beurre*
Buy, *acheter*
By, *par*
By foot, *à pied*

C

Call, *appeler*
Camera, *appareil photo*
Cancel, *annuler*
Car, *voiture*
Carry, *porter*
Cat, *chat*
Catch, *attraper*
Cause, *causer*
Celebrate, *célébrer ; fêter*
Cello, *violoncelle*
Cemetery, *cimetière*
Change, *changer ; remplacer*
Chase, *poursuivre*
Chatter, *bavarder*
Cheat, *tricher*
Chess, *échecs (jeu)*
Chicken, *poulet*
Child, *enfant*
Children, *enfants*
Chinese, *chinois*
Christmas, *Noël*
Civil rights, *droits civiques*
Clairvoyant, *voyant*
Clear, *débarrasser (la table)*
Climate, *climat*
Climb, *escalader ; grimper*
Clothe, *vêtement*
Cloud, *nuage*
Cloudy, *nuageux ; couvert*
Clumsy, *maladroit(e)*
Coalmine, *mine de charbon*
Coastal, *côtier ; côtière*
Coat, *manteau*
Cold, *rhume*
Cold (be), *avoir froid*
Colored, *de couleur (personne)*
Come from, *venir de*
Come in!, *entrez !*
Comfortable, *confortable*
Computer, *ordinateur*

Cook, *cuisiner*
Cottage, *maison à la campagne*
Count, *compter*
Crash, *s'écraser*
Crash into, *percuter*
Create, *créer*
Crisis, *crise*
Crutch, *béquille*
Cry, *pleurer*
Curved, *courbe*
Cut, *couper*
Cycle, *faire du vélo*

D

Dad, *papa*
Dance, *danser*
Damage, *nuire (à)*
Dark, *brun (cheveux)*
Day, *jour*
Dead, *mort*
Dead broke, *fauché*
Decide (on), *se décider pour*
Dentist('s), *(chez le) dentiste*
Deny, *nier*
Desert, *désert*
Desk lamp, *lampe de bureau*
Devil, *diable*
Dial, *composer un numéro*
Die, *mourir*
Diet, *régime*
Dinner, *dîner*
Disappear, *disparaître*
Discover, *découvrir*
Dishes, *vaisselle*
Dispute, *contester ; disputer*
Dive, *plonger*
Dizzy (be), *avoir le vertige*
Do, *faire*
Doctor, *docteur*
Dog, *chien*
Donkey, *âne*
Door, *porte*
Dress, *robe*
Drink, *boire ; boisson*
Drinking water, *eau potable*
Drive, *conduire*
Driver, *chauffeur*
Drop, *larguer (bombe)*
Drop anchor, *jeter l'ancre*
Drown, *se noyer*
Dry, *sécher ; sec ; à sec*
Dry up, *se dessécher*
During, *pendant*

E

Ear, *oreille*
Early, *tôt ; de bonne heure*
Earth (the), *la Terre*
Eat, *manger*
Eat out, *aller au restaurant*
Eco-friendly, *bio*
Educate, *éduquer*
Elect, *élire*
Empty, *vide*
Endanger, *mettre en danger*
England, *Angleterre*
English, *anglais(e)*
European, *européen*
Evening, *soir*
Every, *chaque ; tous les*
Expensive, *cher ; onéreux*
Experience, *connaître ; subir*
Explode, *exploser*
Explore, *explorer*
Eye, *œil*

F

Factory, *usine*
Fairy, *fée*
Fall, *tomber*
Fall in love, *tomber amoureux*
Fast, *vite*
Fasten, *attacher (ceinture)*
Fat, *gros ; obèse*
Father, *père*
Father Christmas, *Père Noël*
Feed, *nourrir ; donner à manger*
Feeler, *antenne (animal)*
Fill, *(se) remplir*
Filling station, *station essence*
Financial, *financier(ière)*
Find, *trouver*
Finish, *finir ; terminer*
Fire, *virer (quelqu'un)*
First, *premier, première*
First form, *(classe de) sixième*
Fish, *pêcher ; poisson*
Fix, *arranger ; réparer*
Flat, *appartement*
Flood, *inonder*
Floor, *sol*
Fly, *mouche*
Fly, *voyager en avion*
Flying saucer, *soucoupe volante*
Flyswatter, *tapette*
Follow, *suivre*
Fond of (be), *aimer beaucoup qqch*
For, *depuis (+ durée)*
Forget, *oublier*
Free, *gratuit*
Freeze, *geler*
French, *français*
Friday, *vendredi*
Fridge, *frigidaire*
Fried egg, *œuf au plat*
Friend, *ami*
Friendly, *gentil ; sympathique*
Frightening, *effrayant*
Frozen, *gelé ; congelé*
Full, *plein ; rempli*
Funny, *drôle ; amusant ; bizarre*

G

Gate, *portail*
German, *allemand(e)*
Get a divorce, *divorcer*
Get dressed, *s'habiller*
Get into, *entrer dans*
Get married, *se marier*
Get up, *se lever*
Get wet, *se mouiller*
Ghost, *fantôme*
Girl, *fille*
Girlfriend, *petite amie*
Give, *donner*
Give a light, *donner du feu*
Give up, *abandonner ; céder*
Glass, *verre*
Glasses, *lunettes*
Global, *mondial ; de la planète*
Glove, *gant*
Go, *aller*
Go biking, *aller faire du vélo*
Go downstairs, *descendre*

Go out, *sortir*
Go shopping, *faire les magasins*
Go to bed/sleep, *aller dormir*
Goldfish, *poisson rouge*
Good, *bon(ne)*
Good at (be), *bien faire qqch*
Grandmother, *grand-mère*
Greenhouse, *(effet de) serre*
Grey, *gris(e)*
Guitar, *guitare*

H

Hair, *cheveux*
Hand, *main*
Happen, *se passer ; se produire*
Happy, *heureux*
Hat, *chapeau*
Hate, *haïr*
Have, *avoir ; prendre*
Have a nap, *faire une sieste*
Have breakfast, *déjeuner*
Have dinner, *dîner*
Head, *tête*
Headache, *mal de tête*
Health, *santé*
Hear, *entendre*
Heavy, *lourd*
Help!, *à l'aide !*
Help, *aider*
Here, *ici*
Hi!, *salut !*
Hitch-hike, *faire de l'auto-stop*
Holiday, *vacances*
Homework, *devoirs*
Hope, *espérer*
Horn, *corne*
Horse, *cheval*
Hospital, *hôpital*
House, *maison*
Housemaid, *bonne*
Housewife, *femme au foyer*
How, *comment*
How about, *et si...*
How much, *combien*
How old, *quel âge*
Hungry (be), *avoir faim*
Hunting season, *saison de chasse*
Hunting, *chasse*
Hurry, *se dépêcher*
Hurt, *blesser ; faire mal*

I

Ice, *glace*
If, *si*
Ill, *malade*
Improve, *s'améliorer*
In, *dans ; dedans*
In fact, *en fait*
In front of, *devant*
In love with, *amoureux de*
Install, *installer*
Instead of, *au lieu de*
Intense, *violent*
Inuit, *inuit ; esquimau*
Invent, *inventer*
Iron, *(en) fer*
Iron, *repasser*
Ironing, *repassage*
Island, *île*
Italian, *italien(ne)*

J

January, *janvier*
Jewel, *bijou*
Job, *travail ; emploi*
Joke, *plaisanter ; blaguer*
Jump, *sauter ; saut*

K

Kettle, *bouilloire*
Kid, *faire marcher quelqu'un*
Kidnap, *enlever ; kidnapper*
Knife, *couteau*
Knight, *chevalier*
Knock (at), *frapper (à)*
Know, *connaître ; savoir*

L

Lamp, *lampe*
Last, *dernier, dernière*
Late, *tard*
Lately, *récemment*
Law, *loi*
Lawn, *pelouse*
Lay the table, *mettre la table*
Leader, *guide ; chef ; leader*
Learn, *apprendre*
Leave, *partir ; quitter ; aller à*
Left, *gauche*
Leg, *jambe ; patte*
Lend, *prêter*
Letter, *lettre*
Letterbox, *boîte à lettres*
Limp, *boiter*
Listen, *écouter*
Little, *petit(e)*
Live, *vivre*
Loathe, *détester*
Location, *emplacement*
London, *Londres*
Lonely, *seul*
Long, *long(ue)*
Look, *regarder*
Look at, *regarder qqch*
Look for, *chercher*
Lose, *perdre*
Lose weight, *maigrir*
Lots of, *beaucoup de*
Lottery, *loterie*
Lovely, *charmant*
Lucky (be), *avoir de la chance*
Lunch, *déjeuner (repas)*

M

Mad, *fou*
Magic, *magique*
Main, *principal*
Maize, *maïs*
Make, *faire ; fabriquer*
Make one's bed, *faire son lit*
Man, *homme*
March, *mars*
Mark, *note*
Married, *marié(e)*
Marry, *épouser ; se marier*
Meal, *repas*
Meat, *viande*
Mechanic, *mécanicien*
Meet, *rencontrer*
Melt, *fondre*
Mice, *souris (pluriel de mouse)*
Mind, *voir un inconvénient à*
Miss, *manquer ; rater*
Mistake, *(faire une) erreur*

Mobile phone, *portable*
Monday, *lundi*
Money, *argent*
Moon, *lune*
Mother, *mère*
Motor scooter, *scooter*
Motorbike, *moto*
Mouse, *souris*
Mousehole, *trou de souris*
Mousetrap, *piège à souris*
Mouth, *bouche*
Move, *déménager ; bouger*
Move back, *reculer*
Mow, *tondre*
Mum, *maman*
Mutton, *mouton (viande)*

N

Name, *nommer ; appeler*
Nanny, *nounou*
Nap, *sieste*
Native American, *amérindien*
Nearly, *presque*
Neck, *cou*
Need, *avoir besoin de*
Neighbour, *voisin*
Never, *jamais*
New, *nouveau ; nouvelle*
Newspaper, *journal*
New Year's Eve, *la Saint-Sylvestre*
Next, *prochain*
Nice, *gentil*
Night, *nuit*
Noise, *bruit*
Noisy, *bruyant*
Nose, *nez*
Now, *maintenant*

O

Often, *souvent*
Old, *vieux ; ancien*
On, *sur ; dessus*
Only, *seulement*
Open, *ouvrir*
Opened, *ouvert(e)*
Open-topped car, *décapotable*
Over, *plus de*
Oyster, *huître*

P

Paint, *peindre*
Pair, *paire*
Park, *garer*
Parrot, *perroquet*
Party, *fête*
Passenger, *passager*
Pay, *payer*
People, *les gens*
Pet, *animal domestique*
Pilgrim Fathers, *Pères Pèlerins*
Plane, *avion*
Plant, *planter*
Play cards, *jouer aux cartes*
Play, *jouer*
Play, *pièce de théâtre*
Please, *s'il vous/te plaît*
Pointed, *pointu*
Polar bear, *ours blanc*
Police station, *gendarmerie*
Policeman, *gendarme*
Poor, *pauvre*
Post, *poster*
Postman, *facteur*
Potato, *pomme de terre*
Pour, *pleuvoir à torrents*
Predict, *prédire*
Present, *cadeau*
Product, *produit*
Program, *logiciel*
Pupil, *élève*
Push, *pousser*
Put out, *sortir (la poubelle)*
Put, *mettre*

R

Rain, *pleuvoir*
Rarely, *rarement*
Reach, *atteindre*
Read, *lire*
Really, *vraiment*
Red, *rouge*
Refuse, *refuser (de)*
Remember, *se rappeler*
Rich, *riche*
Ride, *monter ; faire (du vélo)*
Ring, *sonner*
Rise, *augmenter ; s'élever*
Riverbed, *lit (de rivière)*
Road, *(de la) route*
Roof, *toit*
Room, *chambre ; place*
Round, *autour de*
Row, *rangée*
Run, *courir*

S

Sad, *triste*
Same, *(le) même*
Saturday, *samedi*
Saw, *scier*
Say, *dire*
Scared, *effrayé*
School, *école*
Scotland, *Écosse*
Scream, *hurler (de peur)*
Sea, *mer*
Sea level, *niveau de la mer*
Season, *saison ; période*
Seat, *place ; siège*
Seat belt, *ceinture de sécurité*
Section, *section ; partie*
See, *voir*
Segregate, *séparer ; isoler*
Separate, *séparé*
September, *septembre*
Settler, *colon*
Shelter, *abri*
Shine, *briller*
Shirt, *chemise*
Shoot, *tirer (avec arme à feu)*
Shopping, *courses*
Short, *petit ; court*
Shorten, *réduire ; écourter*
Shot (be), *être abattu ; tué*
Shoulder, *épaule*
Shout, *crier*
Show, *montrer*
Shower, *douche*
Since, *depuis (+ point de départ)*
Single, *seul ; célibataire*
Sister, *sœur*
Sit, *s'asseoir ; être assis*
Skivvy, *bonniche*
Skyscraper, *gratte-ciel*
Sleep, *dormir*

Slip, *glisser*
Smash, *casser, briser*
Smoke, *fumer*
Snail, *escargot*
Snap, *casser net (corde)*
Snow, *neiger*
Snowshoe, *raquette*
Sock, *chaussette*
Some, *de ; du ; de la ; des*
Sometimes, *quelquefois*
Soon, *bientôt*
Sorry, *désolé*
South, *sud*
Speak, *parler*
Spot, *repérer*
Spring, *printemps*
Stand, *être debout ; supporter*
Start, *démarrer*
Station, *gare*
Stay, *rester*
Stick, *canne*
Stop, *arrêter*
Storm, *orage*
Stormy, *orageux*
Story, *histoire*
Street, *rue*
String, *corde (instrument)*
Strong, *fort ; costaud*
Struggle, *lutte ; combat*
Student, *étudiant(e)*
Suitcase, *valise*
Sun, *soleil*
Sunbathe, *se (faire) bronzer*
Sunday, *dimanche*
Sunny, *ensoleillé*
Supreme Court, *Cour Suprême*
Survive, *survivre*
Sweep, *balayer*
Swim, *nager*
Swimming pool, *piscine*
Swindler, *escroc*

T

Tail, *queue*
Take, *prendre*
Talk, *parler ; discuter*
Teach, *enseigner*
Teacher, *professeur*
Teeth, *dents (pluriel de tooth)*
Tell, *dire*
Temperature, *fièvre*
Temperature, *température*
Tent, *tente*
Tepee, *tipi*
That, *ce ; cet ; cette*
The, *le ; la ; les*
Thief, *voleur*
Thirsty (be) *avoir soif*
This, *ce ; cet ; cette*
Throat, *gorge*
Through, *à travers*
Throw off, *mettre dehors*
Tidy, *ranger*
Tie, *cravate*
Time, *temps ; fois*
Tobacco, *tabac*
Today, *aujourd'hui*
Together, *ensemble*
Tomorrow, *demain*
Tonight, *ce soir*
Too much, *trop*
Toothbrush, *brosse à dents*
Travel, *voyager*
Travel by air, *voyager en avion*
Treat, *soigner*
Tree, *arbre*
Trousers, *pantalon*
Truth, *(la) vérité*
Try, *essayer*
Tuesday, *mardi*

U

Umbrella, *parapluie*
Under, *sous ; dessous*
Understand, *comprendre*
Unemployed, *sans emploi*
Uniform, *uniforme*
United States, *États-Unis*
Use, *utiliser*
Usually, *en général*

V

Vegetarian, *végétarien(ne)*
Venice, *Venise*
Very, *très*
Video game, *jeu vidéo*

W

Wait, *attendre*
Waiter, *serveur*
Wales, *Pays de Galles*
Wall, *mur*
Wake up!, *réveille-toi !*
Walk, *marcher*
Walking stick, *canne*
Wallet, *portefeuille*
Wand, *baguette (magique)*
Want, *vouloir*
Warming, *réchauffement*
Wash, *(se) laver*
Washing, *lessive*
Waste, *gaspiller*
Watch, *regarder*
Water, *eau*
Water fountain, *fontaine*
Water vapour, *vapeur d'eau*
Wear, *porter (vêtement)*
Weather, *temps (météo)*
Wednesday, *mercredi*
Week, *semaine*
Whale, *baleine*
What, *que ; quelle*
Wheel, *roue*
When, *quand*
White, *blanc*
Who's Who, *Bottin mondain*
Wife, *épouse ; femme*
Win, *gagner*
Window, *fenêtre*
Windy (be), *(il y a) du vent*
Wine, *vin*
Witch, *sorcière*
With, *avec*
Without, *sans*
Woman, *femme*
Wooden, *en bois*
Work hard, *travailler dur*
Worry, *se faire du souci*
Write, *écrire*
Wrong number, *faux numéro*

Y

Year, *année*
Yellow, *jaune*
Yesterday, *hier*

INDEX GRAMMATICAL

Principaux verbes irréguliers classés par familles

Ces classements reposent exclusivement sur des ressemblances orthographiques.

BASE VERBALE	PRÉTÉRIT	PARTICIPE PASSÉ	TRADUCTION
VERBES QUI NE SUBISSENT AUCUNE MODIFICATION ORTHOGRAPHIQUE			
beat	beat	beat	*battre*
burst	burst	burst	*éclater, exploser*
cast	cast	cast	*jeter, lancer*
cost	cost	cost	*coûter*
cut	cut	cut	*couper*
hit	hit	hit	*frapper*
hurt	hurt	hurt	*faire mal*
let	let	let	*laisser*
put	put	put	*mettre*
read	read	read	*lire*
set	set	set	*poser, régler*
shut	shut	shut	*fermer*
split	split	split	*fendre*
spread	spread	spread	*étaler*
VERBES DONT LE PRÉTÉRIT ET LE PARTICIPE PASSÉ SONT IDENTIQUES			
deal	dealt	dealt	*traiter un sujet*
get	got	got	*obtenir*
have	had	had	*avoir*
hear	heard	heard	*entendre*
hold	held	held	*tenir*
make	made	made	*faire, fabriquer*
meet	met	met	*rencontrer*
pay	paid	paid	*payer*
say	said	said	*dire*
win	won	won	*gagner*
VERBES DONT LE PRÉTÉRIT ET LE PARTICIPE PASSÉ SE TERMINENT PAR *GHT*			
bring	brought	brought	*apporter*
buy	bought	bought	*acheter*
catch	caught	caught	*attraper*
fight	fought	fought	*se battre*
teach	taught	taught	*enseigner*
think	thought	thought	*penser*
VERBES EN [ow]	**[ew]**	**[own]**	
blow	blew	blown	*souffler*
grow	grew	grown	*pousser, grandir*
know	knew	known	*savoir, connaître*
throw	threw	thrown	*jeter, lancer*
VERBES EN [i]	**[a]**	**[u]**	
begin	began	begun	*commencer*
drink	drank	drunk	*boire*
ring	rang	rung	*sonner*
sing	sang	sung	*chanter*
sink	sank	sunk	*couler*
shrink	shrank	shrunk	*rétrécir*
stink	stank	stunk	*puer*
spring	sprang	sprung	*bondir, sauter*
swim	swam	swum	*nager*
VERBES DONT LE [d] FINAL DEVIENT UN [t] AU PRÉTÉRIT ET AU PARTICIPE PASSÉ			
bend	bent	bent	*courber*
build	built	built	*construire*
lend	lent	lent	*prêter*
rend	rent	rent	*déchirer*
send	sent	sent	*envoyer*
spend	spent	spent	*dépenser*

BASE VERBALE	PRÉTÉRIT	PARTICIPE PASSÉ	TRADUCTION
VERBES EN [i]	[o]	[i - en]	
arise	arose	arisen	*s'élever, surgir*
drive	drove	driven	*conduire*
ride	rode	riden	*aller à (vélo, cheval)*
rise	rose	risen	*se lever, s'élever*
stride	strode	stridden	*marcher (à gds pas)*
strive	strove	striven	*s'efforcer*
write	wrote	written	*écrire*
VERBES QUI PEUVENT AVOIR UNE FORME RÉGULIÈRE EN [ed] OU [d]			
awake	**awoke/awaked**	**awoke/awaked**	*(s') éveiller*
burn	**burnt / burned**	**burnt / burned**	*brûler*
dream	**dreamt / dreamed**	**dreamt / dreamed**	*rêver*
hang	**hung / hanged**	**hung / hanged**	*pendre*
lean	**lent/leaned**	**lent/leaned**	*s'appuyer*
learn	**learnt / learned**	**learnt / learned**	*apprendre*
light	**lit / lighted**	**lit / lighted**	*éclairer, allumer*
spill	**spilt / spilled**	**spilt / spilled**	*renverser*
spoil	**spoilt / spoiled**	**spoilt / spoiled**	*abîmer, gâcher*
VERBES QUI ONT UN PRÉTÉRIT EN [ed] ET UN PARTICIPE PASSÉ EN [n]			
mow	mowed	mown	*tondre*
saw	sawed	sawn	*scier*
sew	sewed	sewn	*coudre*
show	showed	shown	*montrer*
sow	sowed	sown	*semer*
VERBES EN [a]	[oo]	[en]	
forsake	forsook	forsaken	*abandonner*
shake	shook	shaken	*secouer*
take	took	taken	*prendre*
VERBES EN [ea]	[o - e]	[o - en]	
break	broke	broken	*casser*
speak	spoke	spoken	*parler*
steal	stole	stolen	*voler*
weave	wove	woven	*tisser*
VERBES EN [eep]	[ept]	[ept]	
keep	kept	kept	*garder, continuer*
sleep	slept	slept	*dormir*
sweep	swept	swept	*balayer*
weep	wept	wept	*pleurer*
VERBES EN [ee]	[ed]	[ed]	
bleed	bled	bled	*saigner*
breed	bred	bred	*élever (enfants)*
flee	fled	fled	*s'enfuir*
VERBES EN [ind]	[ound]	[ound]	
bind	bound	bound	*attacher, lier*
find	found	found	*trouver*
grind	ground	ground	*moudre*
VERBES EN [i]	[u]	[u]	
dig	dug	dug	*creuser*
fling	flung	flung	*lancer (violemment)*
stick	stuck	stuck	*coller*
sting	stung	stung	*piquer (insecte)*
swing	swung	swung	*(se) balancer*
wring	wrung	wrung	*tordre*
VERBES QUI ONT UN PARTICIPE PASSÉ EN [en]			
be	was - were	been	*être*
eat	ate	eaten	*manger*
VERBES QUI ONT UN PARTICIPE PASSÉ EN [ne]			
do	did	done	*faire*
go	went	gone	*aller*

Cet ouvrage a été achevé d'imprimer en août 2009
dans les ateliers de Normandie Roto Impression s.a.s.
61250 Lonrai
N° d'impression : 092777
Dépôt légal : septembre 2009

Imprimé en France